建筑施工企业安全绩效影响因素及投资决策模型研究

周远 吴秀宇 李书全 胡少培 著

中国建筑工业出版社

图书在版编目（CIP）数据

建筑施工企业安全绩效影响因素及投资决策模型研究 / 周远等著. — 北京：中国建筑工业出版社，2018.5
ISBN 978-7-112-22057-1

Ⅰ.①建… Ⅱ.①周… Ⅲ.①建筑施工企业—企业安全—企业绩效—印象因素—研究 ②建筑施工企业—企业安全—投资决策—决策模型—研究 Ⅳ.①F407.9

中国版本图书馆CIP数据核字（2018）第069287号

本书以建筑施工企业安全绩效为研究对象，依据行为安全、脆弱性、社会资本等理论，运用多属性不确定决策、支持向量机、遗传算法优化等方法，辨识影响安全投资和安全行为的关键影响要素，揭示安全投资、安全行为与安全绩效的作用机理，构建安全投资决策模型，并对施工安全系统的脆弱性特征进行分析。

责任编辑：朱晓瑜
责任校对：王　瑞

建筑施工企业安全绩效影响因素及投资决策模型研究
周远　吴秀宇　李书全　胡少培　著

*

中国建筑工业出版社出版、发行（北京海淀三里河路9号）
各地新华书店、建筑书店经销
北京点击世代文化传媒有限公司制版
廊坊市海涛印刷有限公司印刷

*

开本：787×1092毫米　1/16　印张：12¼　字数：184千字
2018年6月第一版　2018年6月第一次印刷
定价：35.00元
ISBN 978-7-112-22057-1
（31955）

版权所有　翻印必究
如有印装质量问题，可寄本社退换
（邮政编码 100037）

前言

建筑业是国民经济的重要产业，建筑安全是建筑业关注的重要方面，它直接影响建筑工程项目投资效益以及国民经济健康发展，减少或消除建筑安全事故是业界及学者非常关注的重要问题之一。如何科学合理地进行安全投资，提高安全绩效是建筑施工企业可持续发展面临的重要课题。

建筑施工企业安全绩效影响因素及投资决策模型旨在辨识安全投资的关键影响要素，阐释安全投资、安全行为与安全绩效的作用机理，构建安全投资决策模型，为提高建筑施工企业安全绩效提供决策支持。为此作者申请了国家自然科学基金面上项目（71571130）、天津市自然科学基金重点项目（12JCZDJC34900），并在其支持下顺利完成了项目研究任务。本书内容是在上述研究成果的基础上整理而成的。

本书由天津财经大学的周远、吴秀宇、李书全和胡少培共同完成，全书由周远汇总定稿。章节具体编写分工如下：第1章由周远、李书全编写，第2章由周远、吴秀宇、胡少培编写，第5章由吴秀宇、李书全、胡少培编写，其余章节由周远、吴秀宇完成。天津财经大学研究生宋孟孟、袁小妹等同学也做出了很大贡献，在此表示感谢。感谢中国建筑工业出版社老师的辛勤劳动，才使本书得以顺利出版。

本书在写作过程中，参阅了大量国内外相关文献，并借鉴参考了很多学者的研究成果，在此一并表示感谢。

由于作者水平以及时间限制，书中难免有疏漏甚至错误之处，敬请读者和同行批评斧正。

目 录

第1章 绪论 1
  1.1 研究背景 2
  1.2 研究目的及意义 3
    1.2.1 研究目的 3
    1.2.2 研究意义 4
  1.3 研究框架和内容 5
    1.3.1 建筑施工企业员工安全行为影响因素获取 5
    1.3.2 基于组织学习的施工企业内社会资本对安全绩效的影响 6
    1.3.3 安全投资要素辨识与安全绩效作用机理 7
    1.3.4 安全投资决策模型构建 7
    1.3.5 施工安全系统脆弱性分析 7

第2章 理论基础及文献综述 9
  2.1 相关理论基础 10
    2.1.1 事故致因理论 10
    2.1.2 行为安全理论 16
    2.1.3 其他相关理论 18
  2.2 文献综述 21
    2.2.1 安全投资相关研究现状 21
    2.2.2 安全绩效相关研究现状 24
    2.2.3 员工安全行为相关研究现状 28
    2.2.4 安全投资决策相关研究现状 31
    2.2.5 文献述评 33

第3章 建筑施工企业员工安全行为影响因素及决策模型 35
3.1 员工安全行为影响因素理论分析 36
3.1.1 安全行为决策概念模型 36
3.1.2 安全行为影响因素体系构建 37
3.2 员工安全行为关键影响因素确定 40
3.2.1 数据采集与描述 40
3.2.2 模型介绍 42
3.2.3 关键影响因素确定 45
3.3 基于支持向量机的安全行为决策模型构建 49
3.3.1 支持向量机概述 49
3.3.2 安全行为决策模型设计 54
3.3.3 仿真结果分析 58
3.3.4 员工安全行为影响因素程度分析 59
3.4 管理启示 63

第4章 施工企业内社会资本、组织学习与安全绩效的关系 65
4.1 理论基础 66
4.1.1 企业内社会资本的含义 66
4.1.2 组织学习理论 68
4.1.3 企业内社会资本、组织学习与安全绩效的关系研究进展 69
4.2 研究假设与研究设计 71
4.2.1 企业内社会资本、组织学习与安全绩效的理论假设 71
4.2.2 主要量表的指标描述 78
4.3 问卷调查与统计分析 80
4.3.1 问卷设计、发放与统计 80
4.3.2 描述性统计分析 82
4.3.3 信度与效度分析 84
4.3.4 相关分析 87

4.4 企业内社会资本、组织学习与安全绩效关系的实证分析......88
  4.4.1 结构方程模型介绍......88
  4.4.2 结构模型检验......92
  4.4.3 中介假设检验......99
  4.4.4 运行结果分析与管理启示......102

第5章 安全投资要素辨识与安全绩效作用机理......105
5.1 概述......106
5.2 理论分析与研究假设......106
  5.2.1 安全投资与安全绩效......106
  5.2.2 安全投资与员工安全能力......109
  5.2.3 员工安全能力与安全绩效......109
5.3 数据获取与分析......110
  5.3.1 数据获取与描述性统计......110
  5.3.2 探索性因素分析......110
5.4 基于SEM的安全投资与安全绩效作用机理分析......111
  5.4.1 初始模型分析......111
  5.4.2 修正后的模型分析......112
  5.4.3 结果分析......113
  5.4.4 管理启示......115

第6章 建筑施工企业安全投资决策模型构建......117
6.1 概述......118
6.2 建筑施工企业安全投资关键影响因素提取......119
  6.2.1 研究设计与描述性统计......119
  6.2.2 粗糙集理论的属性约简功能......120
  6.2.3 建筑施工企业安全投资影响因素的约简分析......125
6.3 基于SVM的安全投资影响因素与安全绩效的回归拟合......126

　　　　6.3.1　拟合分析结果 126
　　　　6.3.2　测试检验 129
　　6.4　管理启示 130

第7章　建筑企业施工安全系统脆弱性分析 133
　　7.1　概述 134
　　7.2　研究设计和数据获取 135
　　　　7.2.1　研究设计 135
　　　　7.2.2　样本收集和数据特征 138
　　　　7.2.3　信度和效度分析 139
　　7.3　安全系统脆弱性仿真模型分析 139
　　　　7.3.1　方法介绍 139
　　　　7.3.2　系统流程图构建 139
　　　　7.3.3　模型参数确定 140
　　　　7.3.4　仿真分析 142
　　　　7.3.5　管理启示 146

第8章　总结与展望 147
　　8.1　研究总结 148
　　8.2　研究不足与展望 150

附录1　第3章调查问卷 152
附录2　第3章基于遗传算法优化的自变量降维主程序 155
附录3　第3章SVM主程序 160
附录4　第3章SVM结合MIV算法程序 162
附录5　第3章BP神经网络结合MIV算法程序 165
附录6　第4章调查问卷 168
参考文献 170

第 1 章

绪论

建筑业是国民经济的重要产业，建筑安全是建筑业关注的重要方面，它直接影响建筑工程投资效益的最大化以及国民经济健康可持续发展。减少或消除建筑安全事故是业界及学者非常关注的重要问题之一。建筑安全事故不仅使建筑企业遭受损失，还会损害社会公众利益，直接导致安全与质量、进度和费用之间关系失衡，造成投资成本增加，严重影响建筑业可持续发展和社会稳定。研究建筑施工企业安全投资决策模型，辨识其关键影响要素及安全投资配置，探析安全投资、安全行为与安全绩效的作用机理，对丰富和发展安全管理理论具有重要意义，同时对安全投资科学决策具有实际指导意义。

1.1 研究背景

自改革开放以来，随着我国基础设施建设力度的逐步加大和城镇化进程的不断提速，建筑市场的规模稳步扩大，国内建筑业总产值呈快速增长趋势。尤其是十八大以来，面对我国经济发展新常态，建筑业攻坚克难、稳中求进，在国民经济发展中较好发挥了支撑作用，在吸纳农村转移劳动力、稳定社会就业、增加财政收入、促进社会和谐等方面成效更加显著。从不变价增速来看，2013～2016年，建筑业增加值年均增长8.0%，高于同期国内生产总值年均增速0.8个百分点；从现价总量看，2016年，建筑业增加值达49522亿元，比2012年增加1.3万亿元，是其1.35倍；从占GDP的比重看，2013～2016年，建筑业增加值占当年国内生产总值的比重均保持在6.7%以上。建筑业以健康平稳的发展，以及对大量关联产业的有效带动，有力地支撑了国民经济的高速增长[①]。

随着我国建筑行业的快速发展，作为职业安全事故率较高的建筑业的安全生产问题，越来越引起社会的广泛重视。虽然我国建筑施工企业的安全生产工作取得了较大进步，但是安全建设事故还是时有发生。为规范建筑行业的安全生产活动，国家相关部门制定了有关法律法规和行业规范，如《建筑法》、《安全生产法》、《建设工程安全生产管理条例》和《建筑施

---

① 中华人民共和国统计局网站：建筑行业开拓创新"中国建造"成就显著，2017年7月24日。

工企业安全生产管理规范》等，明确了建筑行业各企业主体（如建设单位、设计单位、施工单位、监理单位等）在安全生产建设过程中的责任和义务，并规定了违反相关法律的处罚标准等。安全生产事故成为制约建筑业健康发展的重要不利因素，建筑施工安全生产事故不仅会给当事人及其家庭带来不可弥补的损失，也会对建筑施工企业带来较大的经济损失以及制约社会的健康发展。造成建筑施工企业安全事故频发的原因有诸多方面，其中安全投入不足、安全投入配置不合理、人员安全意识淡薄、安全行为未得到有效规范以及安全事故隐患常态化等方面是引发安全事故的重要因素。

施工企业是保证建筑安全的关键主体，而施工企业的员工则是导致一般安全事故的主要因素，也是事故的最大受害者。随着我国城市化进程和经济社会的发展，未来社会对施工企业员工的需求不断加大，因此如何保证施工企业员工在大型复杂项目中的安全行为将是避免安全事故发生的关键所在，也对如何改善安全生产状况提出了更高的要求。为了进一步提高建筑施工过程中的安全管理方法和安全技术手段，从而有效地降低人员的伤亡和减少经济财产的损失，企业界、研究机构以及政府部门都在努力实现建筑施工企业安全生产。现阶段围绕施工企业安全生产的研究取得了一些重要成果，但并未形成有关安全投入—安全行为—安全绩效相互作用影响的完整理论。建筑施工企业员工是一个数量庞大的群体，在大型复杂项目中如何通过对安全投入的合理化配置以及安全行为的规范势必成为降低建筑业安全事故发生的关键所在。为此，本书从安全行为的角度出发研究建筑施工企业安全投入决策模型，辨识关键安全投（资）入要素及作用机理，构建安全投资决策模型和安全投资合理配置机制，厘清安全投资要素与安全绩效的作用机理，为丰富安全管理理论和提高建筑施工企业安全管理水平提供指导。

1.2 研究目的及意义

1.2.1 研究目的

建筑施工企业安全生产的实现涉及安全制度的建设、安全环境的创造、安全监督机制的建立、安全行为的规范等要素，这些都是需要企业投入较多的人力、物力以及财力。由于建筑行业的特殊性，一般建筑员工只是从事较为基础的体力劳动，加之目前劳动力市场相对充裕，使得建筑企业的管理者缺乏对安全生产和安全投入的压力和动力。虽然国家明确了对安全投入标准即按照建筑项目的投入比例进行安全投入，但是执行难和执行不到位的现象依然广泛存在于建筑行业。本书就是以建筑施工企业为主体，以安全投资、安全行为和安全绩效为对象，在相关理论研究的基础上，通过对安全投入、安全行为和安全绩效三者的影响因素及相互关系的实证分析揭示安全投入、安全行为与安全绩效的作用机理，一方面为施工企业安全投入决策提供理论依据，另一方面为相关部门制定完善安全生产的政策提供借鉴和参考。

1.2.2 研究意义

由于建筑施工活动是发生在多主体、多环节、多工序的动态复杂系统中的活动，安全投入、安全行为和安全绩效同时存在于这个复杂开放的系统中，研究建筑企业的安全投入、安全行为和安全绩效的内在关系，可以有效地扩展安全投入的筹集渠道，更合理地配置安全资源，提高安全投入效率，增加安全投入的积极性。安全投入受到安全收益间接性和滞后性、安全事故复杂性和或然性、安全生产的外部性等各种因素的复杂作用，尽管这方面已经有了不少的研究成果，但是在安全行为视角下研究安全投入与安全绩效的关系还未做到系统完整。为此，针对安全投入、安全行为和安全绩效的相互作用影响展开研究，对建筑项目安全行为理论和安全绩效理论的拓展有着重要的意义。

由于企业具有逐利性特征，因此建筑企业总希望能尽可能地降低安全投资额，致使企业安全投入动力不足。资源的稀缺性也决定了在企业发展过程中会出现安全与生产争夺资源的情况，这时建筑施工企业一般都会选择首先保证生产需要，而将安全投资排在其后。另外，由于经营管理者对安全投入、安全行为和绩效的规律缺乏全面深入的理解，导致其在进行安全投入决策时会出现一些非理性行为，因此将影响企业安全投入、安全行为和安全绩效的影响因素提炼出来，并厘清各个因素之间的作用关系，从而对建筑企业安全投入资源的配置、使用及管理提供实践支持。

在分析安全投入、安全行为和绩效影响因素及特征的基础上，构建建筑企业安全投资的决策模型，可以帮助建筑企业提高安全投入的效率从而起到对建筑安全事故预防和控制的作用。当前，虽然国家有明确的安全投入标准，但是在部分建筑企业中对安全风险的观念依然淡薄，安全投入仅仅是为了项目能够及时竣工，并没有将安全投入进行长远的规划和通盘考虑。许多企业对安全投入的评估，主要依赖于安全事故指标的事后分析。建筑企业建立安全投入决策系统，在识别、预测、诊断安全投入因素的基础上，为企业提供了可操作的对策、方法与途径，可使企业对安全投资管理的影响要素及其作用机理认识更加深刻，安全投资决策更加科学，对安全投资（入）与安全绩效相互作用规律把握更加准确，对提高企业安全管理水平、增加企业经济社会效益具有重要的现实意义。

1.3 研究框架和内容

本书以建筑施工企业安全投资、安全行为和安全绩效为研究对象，依据行为安全、脆弱性、社会资本等理论，运用多属性不确定决策、支持向量机、遗传算法优化等方法，辨识影响安全投资和安全行为的关键影响要素，揭示安全投资、安全行为与安全绩效的作用机理，构建安全投资决策模型，在此基础上对整体安全系统的特征进行分析。具体研究内容如图1-1所示。

1.3.1 建筑施工企业员工安全行为影响因素获取

以我国现阶段建筑施工企业员工安全行为状况为研究背景，结合事故致因理论、认知心理学理论和安全行为理论，从社会资本、员工个体和组织管理三个层面构建员工安全行为决策模型和安全行为影响因素体系，利用遗传算法优化计算得出员工安全行为的关键影响因素。本部分研究有助

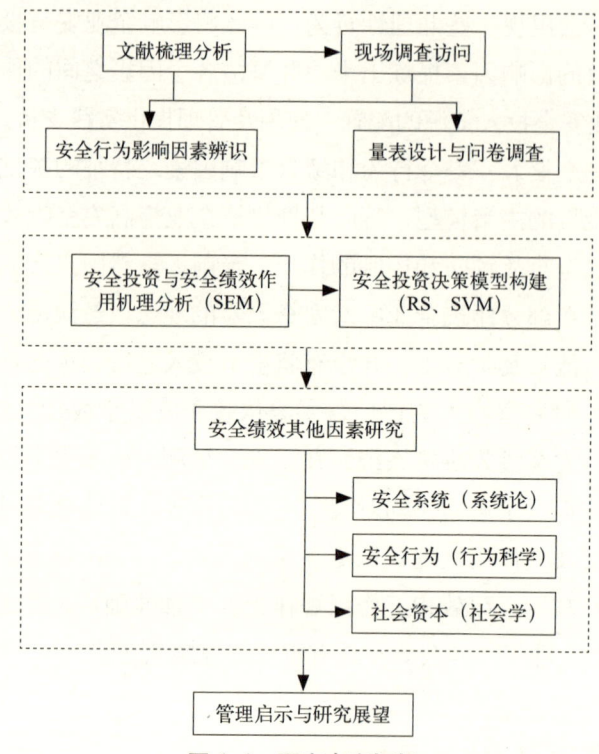

图 1-1　研究内容框架

于施工企业管理者发现影响员工安全行为的关键因素和导致不安全行为的重要路径，为提高企业安全管理能力和水平，促使员工做出安全行为和减少不安全行为提供理论支持。

1.3.2　基于组织学习的施工企业内社会资本对安全绩效的影响

建筑施工安全不仅取决于人、物、环境相互作用，人们在复杂的社会网络中互动交流也对安全结果具有重要影响。除努力消除事故产生的直接原因外，还要从社会学的角度对安全绩效进行研究。当前，已有文献对建筑施工企业内社会资本对安全绩效的影响研究较少。本部分研究通过以组织学习作为中介变量，厘清施工企业内社会资本与施工企业安全绩效的关系，明晰其内在作用机理，探寻增强施工企业内社会资本的方法与提高组织学习的途径，从而提出改善施工企业安全绩效的对策建议。

1.3.3　安全投资要素辨识与安全绩效作用机理

安全投资是建筑施工企业为达到一定的安全效果对工程项目中涉及的人、物、环境的物质和非物质的投入，这种投入是否产生效果以及如何产生效果是应当研究的关键问题。本部分研究以施工企业员工为研究对象，以员工安全能力作为安全投资与安全绩效作用关系的中介变量，探讨各类安全投资对安全绩效的作用规律，以期为施工企业清晰认识安全投资的作用机理，为其进行合理的安全投资和投资结构优化提供决策依据。

1.3.4　安全投资决策模型构建

安全投资不足和投资要素分配不合理是导致建筑施工企业安全事故发生的重要原因。安全投资对安全绩效的线性或非线性以及动态性的关系并不确定，已有成果未能很好地反映出安全投资关键因素与安全绩效之间的作用规律。本部分研究在提取影响施工企业安全绩效关键要素的基础上，构建安全投资决策的 SVM 模型，进行安全投资要素与安全绩效的仿真模拟，以期为建筑施工企业合理确定安全投资结构和提高施工安全水平提供参考依据。

1.3.5　施工安全系统脆弱性分析

为提高施工企业安全系统的安全水平及其安全管理能力，本部分研究以事故致因理论为基础，结合脆弱性理论，建立施工企业安全系统的脆弱性模型，采用系统动力学方法对影响安全系统脆弱性的因素进行实证分析，并就不同因素对安全系统脆弱性影响的敏感性问题进行仿真分析。研究结果为建筑施工企业评价自身安全系统脆弱性，识别影响安全系统脆弱性的主要因素，提高系统安全性和企业安全管理能力提供理论指导与实践支持。

第 2 章

理论基础及文献综述

本章主要介绍研究中涉及的相关概念和理论，并对国内外相关文献进行梳理分析，掌握现有研究的成果和不足之处，从而为后续各章的研究奠定理论基础。

2.1 相关理论基础

2.1.1 事故致因理论

了解事故致因理论有助于发现导致安全事故发生的主要原因，从而对施工企业做出合理的安全投资决策提供重要依据，目前主流的事故致因理论主要包括事故因果连锁理论、事故模型理论、动态变化理论、轨迹交叉理论等，本章重点阐述前两种事故致因理论的内在机理。

（1）事故因果连锁理论

事故因果连锁理论认为安全事故的发生并非一个孤立的事件，而是由一系列具有因果连锁关系的事件导致的，其代表人物主要有海因里希、博德、亚当斯、西岛茂一和北川彻三等，下面简要论述各理论的基本内涵。

1）因里希的事故因果连锁理论[1]

1936年，海因里希（Heinrich）通过对美国工业伤亡事故数据的统计分析得出一般安全事故的发生规律，并指出，虽然安全事故是在一瞬间发生的，但其发生的原因却是由一系列相关的事件组成，即并不是单一因素导致事故的发生。因此，海因里希提出用多米诺骨牌形容这些导致安全事故发生因素间的关系，所以海因里希因果连锁理论又称为多米诺骨牌理论，如图2-1所示。

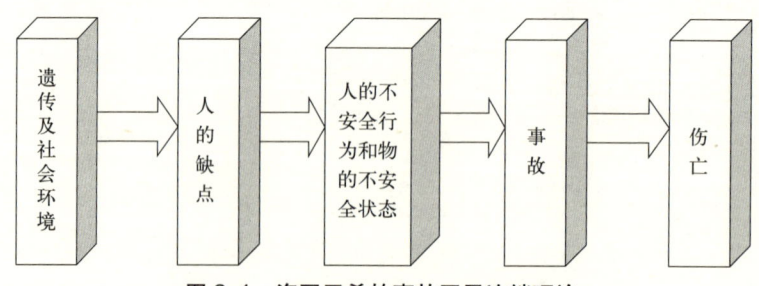

图2-1 海因里希的事故因果连锁理论

由图 2-1 可以看出，海因里希将安全事故的发生由四个因果链和五个要素构成。其中四个因果链分别是：

①人员的伤亡是由事故发生导致的后果。人员伤亡不可能凭空发生，而是由安全事故导致的。海因里希指出，由于安全事故发生会导致出乎意料、不可控制的事情发生，从而使人遭受无法抵抗的打击，造成对身体和生命的伤害。

②事故的发生是由人的不安全行为或物的不安全状态导致的。海因里希指出，人的不安全行为和物的不安全状态是造成安全事故发生的直接原因，如不按相关安全规范进行操作、在工作时间打闹等都属于人的不安全行为，设备安全防护装置的缺失、照明不良等都属于物的不安全状态。并指出人的不安全行为是安全事故发生的主要原因。

③人的不安全行为或物的不安全状态是由人的缺点导致的。他指出由于人的缺点诸如心理、性格上的缺陷和安全知识、技能的不足造成的缺点都有可能引发人的不安全行为以及物的不安全状态。

④人的缺点是由先天遗传或后天社会环境导致的。海因里希认为人的缺点一方面由先天遗传因素决定，一方面由后天所处社会环境培养形成，如性格的稳重与鲁莽等都可能由于人的遗传或社会环境的不同而不同。

五个构成要素即遗传及社会环境、人的缺点、人的不安全行为或物的不安全状态、事故和伤亡。他指出这五个要素是安全事故发生必不可少的条件，如果想避免安全事故造成损失，就要试图控制某个要素不再发生，从而中断事故因果连锁的关系。海因里希提出的事故因果连锁理论开创了人们对安全事故致因的研究，其提出的人的不安全行为和物的不安全状态为人们今后研究事故致因提供了科学的研究方向，但由于其将目光过分集中在人的缺点上从而忽视了其他因素导致的人不安全行为和物不安全状态。

2）博德的事故因果连锁理论[2]

1974 年，博德（Jr.Bird）从现代管理学视角出发，在海因里希理论的基础上提出了以管理失误为基础的事故因果连锁理论。他指出，虽然人的不安全行为是导致事故发生的主要原因，但不应单单纠结于人的缺点，而把管理的缺陷作为导致事故发生的本质原因，博德的基于管理失误的事故因果连锁理论如图 2-2 所示。

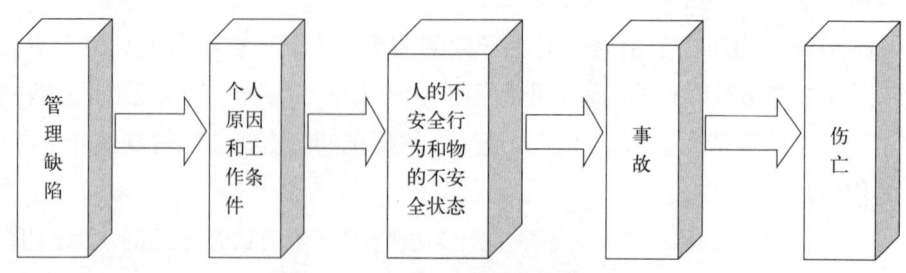

图 2-2　博德的事故因果连锁理论

博德在海因里希的基础上提出安全管理的重要性，并将人的不安全行为或物的不安全状态作为表面现象，安全管理才是产生不安全行为或状态的本质原因，他提出的事故发生过程同样包括四个因果链和五个构成要素，但各构成要素的内涵与海因里希的理论有所区别。

①管理缺陷是导致事故发生的根本原因。根据博德的理论，任何生产性企业仅依靠技术避免安全事故的发生是不可能也不现实的，只有通过安全管理，将安全生产从本质上得到体现，才能避免安全事故的发生。如果安全管理存在缺陷，不能随着生产环境的变化而采取适当的措施，就很有可能发生安全隐患，最后导致事故的发生。

②个人原因和工作条件是导致事故发生的间接原因。博德认为，员工个人原因和工作条件的不足导致了人的不安全行为或物的不安全状态。个人原因包括员工心理、精神上的不足和安全知识、技能的欠缺。工作条件即员工工作环境的情况，是否具有明确的安全操作规范，设备、材料的安全性及其他影响工作环境的因素等。个人原因和工作条件引发不安全行为或状态的基本原因，也是导致事故发生深层次的原因。

③人的不安全行为和物的不安全状态是事故发生的直接原因。博德将人的不安全行为或物的不安全状态看作事故发生的表层原因，并指出对事故原因的研究不应停留于此，应该深入分析导致不安全行为或状态发生的原因，才能在根本上避免安全事故的发生。

④事故。博德从能量的角度解释事故的概念，他指出，事故是人或物

体遭受超过其承受能力的能力接触，防止事故就是防止接触，因此为避免事故的发生一方面可以采取改进工艺、装备，增加防护措施等阻止能量的释放，另一方面通过提高员工的安全行为能力避免与能量的接触。

⑤伤亡。事故的发生直接导致了人员的伤亡，为避免伤亡的发生应在应急管理、急救措施方面加大力度，尽可能在事故发生后减少伤亡或损失的进一步扩大。

博德理论的进步之处在于他运用现代管理学的观点分析了事故发生的原因，提出管理失误是造成事故或损失发生的根本原因，在一定程度上提高了人们对安全管理的关注，但其将事故原因的本质完全归结于管理原因，夸大了安全管理的效用，任何企业的安全管理都不可能十全十美，也不可能达到完全避免事故的目的，安全管理难以做到面面俱到，尤其是在突发事件面前。

3）亚当斯的事故因果连锁理论[3]

1985年，亚当斯（J. Adams）在博德管理失误理论的基础上提出了将人的不安全行为和物的不安全状态归结为现场失误，并认为管理失误导致了现场失误的发生，从而引发事故，亚当斯的事故因果连锁理论如图2-3所示。

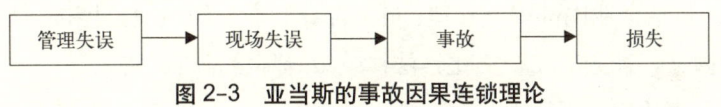

图2-3 亚当斯的事故因果连锁理论

其中管理失误包括领导者的决策失误，如做出错误决策或没有及时做出决策和安全管理人员的错误指挥或疏于管理等，现场失误是由管理失误导致的在工作现场出现的不安全行为或安全状态。亚当斯指出了事故或损失的发生是由管理失误和现场失误两个方面共同导致的，又强调了管理失误的根本原因，其定性分析了人的不安全行为和物的不安全状态的性质，但对与员工个人因素和工作环境相关的分析不够深入。

4）西岛茂一的4M理论[4]

1996年，日本学者西岛茂一在总结因果连锁理论的基础上，提出了4M致因理论：人为致因（Man）、设备致因（Machine）、作业致因（Media）、管理致因（Management）。其中人为致因包括心理原因、生理原因和职业原因等；设备致因包括设备设计、防护、操作方面的缺陷；作业致因包括作业环境、空间、方法的缺陷；管理致因包括管理组织的欠缺、安全监督与指导不足等。西岛茂一全面论述了企业安全事故致因的因素，在一定程度上为企业进行安全管理提供了理论支持。

5）北川彻三的事故因果连锁理论[5]

前述理论都是基于企业内部角度考虑事故致因，而企业和员工都处于国家和社会整个大环境中，国家政策对安全的倡导、鼓励以及社会安全科技、教育的发展都对企业安全事故有着一定的影响，基于此，日本学者北川彻三提出基于社会视角的事故致因理论，如表2-1所示。

北川彻三的事故因果连锁理论　　　　　　　　表2-1

基本原因	间接原因	直接原因		
学校教育、社会、历史	技术、教育、身体、精神、管理	不安全行为不安全状态	事故	损失

北川彻三基于社会环境的视角提出导致安全事故发生的原因是复杂多元的，既包括企业内部安全管理、员工自身的安全知识、技能和心理等因素，也包括国家、社会的安全文化、法律政策等环境是否完善。

(2) 事故模型理论

20世纪70年代，随着生产活动的日益复杂化，人们对安全生产的要求也越来越高，人们借助系统论、控制论等理论观点，逐渐形成了一种新的事故致因理论——事故模型理论。以瑟利事故模型为例，阐述事故模型理论的一般观点。

瑟利模型是由瑟利（J. Surry）[6]提出的一种基于认知过程分析的事故致因理论，该理论将事故分为危险出现和危险释放两个层次，每个层次都包括人的感觉、认知和行为响应三个处理信息的过程，在危险出现层次，如果每个信息处理过程正确及时，则会使消除危险或使其得到控制，如果处理信息的过程不正确，就会使人们面对危险；在危险释放阶段，如果每个信息处理过程正确及时，就会避免使危险释放造成的损失或伤害，如果处理信息的过程不正确，就会导致危险释放，从而造成损失或伤害。瑟利事故模型如图 2-4 所示。

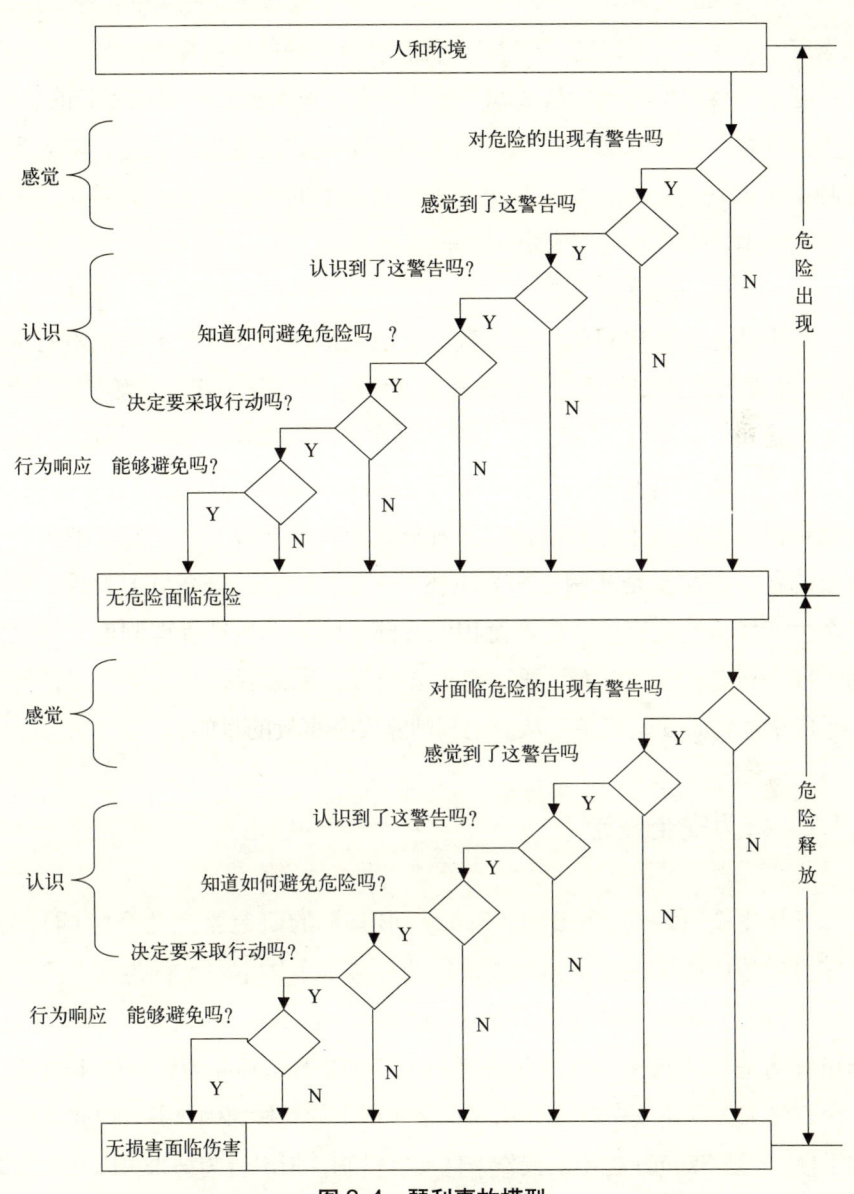

图 2-4　瑟利事故模型

由图 2-4 可知，在危险出现和危险释放层次均包括六个关于信息处理的问题，其中第 1、2 个问题涉及人的感觉，第 3～5 个问题涉及人的认识，第 6 个问题是行为相应方面，六个问题涵盖了人们处理信息的全过程，如果每个环节都能正确处理（即 Y），就会达到无危险或无损害的结果，反之，如果有一个环节出现问题（即 N），就有可能面临危险或损害。

瑟利事故模型为人们从认知—行为角度分析事故致因提供了新的思路，他不仅解释了发生事故的原因，还为预防事故的发生提供支持，即应利用各种手段识别危险的存在，并提升员工对危险的感知能力，同时对员工进行安全培训，提高其处理安全问题的能力。

（3）其他事故致因理论

基于动态和变化观点的事故致因理论也是现代事故致因理论中的重要方面，主要有动态变化理论[7]、轨迹交叉理论[8][9]、复杂系统事故理论[10][11]、流变理论和突变理论[12]等。以上的各种事故致因理论都是从事故的产生原因出发，一般都将事故的原因归咎于人的不安全行为和物的不安全状态，这两种情况又是由于意外事件和各种形式的失误导致的。因此，解决安全事故的根本办法也是从两方面来论述：一方面是通过提高员工素质，增加安全生产经验，提高安全生产意识以及健全的安全生产管理制度来消除人的不安全行为；另一方面，通过完善安全设备和装置，改进生产工艺等技术手段增加物的安全状态，从而达到消除安全事故的目的。

2.1.2 行为安全理论

行为安全（Behavior Based Safety，BBS）的研究重点为个体的行为，研究目的是拟通过促进个体的安全行为、减少个体不安全行为的手段，提升安全绩效。BBS 的研究的理论基础包含三个部分：一是行为科学理论，指出行为是行为结果持续强化的产物；二是以 Heinrich 为代表的事故致因理论，将工人的不安全行为作为安全事故产生的直接原因，并加以重点关注和干预；三是 Skinner 提出的操作条件反射机制，指出行为结果可以强化人的行为[13]。在此基础上，产生了 ABC（Antecedent—Behavior—Consequence）

模型，其中 A（Antecedent）代表行为的先导条件，C（Consequence）代表行为的后果。通过 A 和 C 的共同作用对个体行为产生影响。ABC 模型即是 BBC 理论的基础理论模型[14]。

BBS 理论最早由美国学者展开研究，经过 40 多年的发展，在多个行业的安全管理领域有着重要的应用。BBS 理论的发展大致可以分为三个阶段：基于自上而下驱动的监督指导阶段、基于同伴监督的自我管理阶段和基于伙伴关系的互动管理阶段[15]。

第一阶段（1970～1985 年），本阶段 BBS 主要采取自上而下驱动的指导过程得以运用，由班组长或工长负责观察工人的行为，针对不符合规范的行为给予反馈并提供积极或消极的干预。此阶段在实际应用中凸显的问题是一旦自上而下的干预消除，行为受到干预的效果就会降低甚至消失。

第二阶段（始于 20 世纪 80 年代初），BBS 的应用主要由自上而下的干预指导演变为由工人相互观测并干预，即实行同伴监督、自我管理的方式。此阶段的重点变为以工人自身为主导，以工人对工人（点对点）的观察与反馈为核心的管理过程。虽然增加了工人在改善行为安全方面的参与程度，但排除了管理层在行为安全管理方面的作用，导致人们将工人视为事故发生的重要主体，忽视了管理层以及管理过程对安全管理的重要作用。

第三阶段（始于 20 世纪 90 年代），随着安全文化概念的提出，人们开始关注领导层与工人之间的伙伴关系，BBS 的应用汲取了安全文化建设的相关理论，一方面由工人组成的小组在各自负责观察和纠正区域内所有成员的行为，管理者定期进行监督并实施相关的管理行为，所有的参与者都会收到定期的反馈，并依据各自的表现收到一定的奖励。

Geller 等[16] 于 2004 年总结了其对 BBS 应用的经验，提出了 10 条成功应用 BBS 的准则：

1）讲解程序的原理（teach procedures with principles），在进行 BBS 培训之前首先向人们讲解 BBS 的理论和哲学基础；

2）许可员工掌握流程（empower employees to own the process），使员工拥有 BBS 流程的所有权，暗示员工具有内在控制、自我负责、自我导向的行为；

3）给员工选择的机会（provide opportunities for choice），在管理者限定的框架和方向内给员工选择的机会；

4）管理支持与参与（facilitate supportive involvement from management），召开会议讨论、任务制定观察与反馈、危险行为分析、及时解决问题等；

5）保证进程的非惩罚性（ensure that the process is nonpunitive），惩罚要独立于 BBS 进程，否则会影响 BBS 进程中形成的信任、所有权和承诺等；

6）保证指导人员的非指向性（ensure that the coach is nondirective），只是完成一个关键行为列表（critical behavior checklist，CBC），观察工人的行为结果并提供反馈，因为行为的修正都是自我导向的，由员工自己负责；

7）从宣布观测结果到不宣布观测结果发展（progress from announced to unannounced observations），前提是员工真正意识到 BBS 对他们有益，从而将新的行为方式作为他们知识的基础；

8）关注相互作用，不只是数字（focus on interaction，not just numbers）；

9）持续评估并重新定义进程（continuously evaluate & refine the process）；

10）使进程成为更大努力的一部分（make the process part of a larger effort），BBS 应被视为一个减少伤害的系统的方法。

2.1.3 其他相关理论

（1）安全能力理论

能力是指个体通过整合、利用相关知识、技能、判断和态度，从一系列行为中做出正确决策的才能[17]，也有人将其延伸为胜任力、素质等方面[18]，对于安全问题而言，施工人员的安全能力对其施工活动的安全绩效具有显著影响。目前关于员工安全能力的研究比较少，王盼盼等[19]首次对施工人员的安全能力进行了界定，指在一个施工现场内，施工人员利用与整合所拥有的知识、技能、态度、动机、个人价值等内在特质，使完成某项施工工作过程中可能存在的危害控制在绝对的最低限度内，或者至少使其保持在可容许范围内。陈芳和罗云[20]对空中管制员的安全能力进行了定义，指出其安全能力由身体素质、业务素质和安全意识构成。

提高施工企业员工安全能力是提高其安全行为水平，提升施工项目安全绩效的重要手段，在对工程项目安全投资决策时可以通过各类安全投资对施工人员安全能力的影响关系做出判断。

(2) 社会资本理论

社会资本理论起源于社会网络，是社会主体将所拥有的社会资源嵌入到社会网络中而取得某种能力的一种无形资本。作为一个社会人，任何行动都脱离不开其所处的社会网络之中，安全生产活动也不例外。了解社会资本理论对于提高员工个体的社会认知、安全认知和安全行为水平具有重要意义。周红云[21]通过对社会资本及其在我国的研究应用总结出关于社会资本的三种经典定义，分别是以布迪厄为代表的微观定义、以科尔曼为代表的中观定义和以帕特南为代表的宏观定义。布迪厄[22]指出，社会资本是与某种持久关系网络紧密结合的实际或潜在的资源集合体，这种关系网络得到大家一致公认，并且每个个体都有拥有网络中资源的权利。布迪厄的微观定义强调社会资本用来帮助个体实现行动目标，与此不同的科尔曼关于社会资本的中观定义指出社会资本不仅有利于个体目标的实现，还因为社会资本的互惠性和收益的共享性而促进集体目标的达成[23]。在此基础上，帕特南[24]提出社会资本是社会组织的某种特征，包括规范、信任等，社会组织通过利用社会资本促进合作并实现社会效益，即社会资本的宏观定义。本研究探讨员工层面的社会资本，即将范围限定在以布迪厄为代表的微观定义中。由于人们研究问题的角度、文化环境和目的的不同，关于社会资本的测量要素的构成也不尽相同，目前应用比较广泛的是Nahapiet和Ghoshal的测量方法，Nahapiet和Ghoshal[25]将社会资本构成要素分为认知维度、结构维度和关系维度，其中认知维度包括群体或个体间价值观和知识水平，结构维度包括群体或个体中心性和联系强度，关系维度则包括相互之间信任和感情等因素。

以往关于社会资本的研究多集中于个体或组织获取资源、提高竞争力等方面（如Burt[26]的结构洞理论），近年来，不断有学者开始关注社会资本与健康、安全等领域的关系，Rao[27]提出了一个事故分析管理模型，通过追踪安全社会资本、网络关系和关键责任人来分析事故的原因，整合导致事故的动机来源和失败的组织控制。Wood 等[28]分析了建筑环境、社会资本和社区居民安全感的关系。与其他社会经济活动相同,建筑施工活动中存在着各种复杂的网络,如技术咨询网络、订单管理网络和人际关系网络[29],这些正式与非正式的网络对于提高项目管理团队计划、管理各项资源与任务的能力,提高项目绩效有重要的作用[30][31]。Koh 和 Rowlinson[32][33]指出了在施工安全管理中以往只强调安全规范的遵从并未很好地起到降低事故的作用,而社会资本强调组织的适应性和合作,并促进了个体的参与,从而提高了安全行为和安全绩效水平。

综上所述,可以得出社会资本的三种属性,一是其源于社会网络,并嵌入在社会网络中,即结构嵌入性;二是属于某个群体、组织或社会集体的某种无形资源,即无形性;三是网络中的组织或个体可以利用该种资源实现某种目的,即可利用性。施工组织作为一个复杂的网络组织,也存在着相应的社会资本,它不同于传统的权利资本或制度资本,而是靠网络中的人与人之间的联结和关系起到协调矛盾、形成组织规范和文化的重要作用。目前建筑企业社会资本对于施工安全绩效的内在作用机理并未得到很好的发现和解释,这也是本研究的出发点之一。

(3) 脆弱性理论

1981 年,Timmerman 在针对地学领域首次提出脆弱性一词,他认为脆弱性是系统受到灾害事件时的负面回应的程度,并且由系统的弹性控制负面回应的质与量,该弹性表明系统从该灾害事件中恢复的能力[34]。Gallopin 指出脆弱性是系统对于外界扰动的敏感性和反应能力[35]。IPCC (Intergovernmental Panel on Climate Change) 第五次评估报告首份报告指出,脆弱性是指受到不利影响的倾向或趋势,可通过敏感性和应对能力表现出来[36]。Wolf et al. 认为脆弱性是对未来可能发生的损害的度量[37]。虽然在气候变化、贫困、自然灾害、社会经济领域中得到了广泛应用,但其在理论上仍没有明确定义。国内学者认为系统脆弱性是由于系统对系统内外各种扰动的敏感性以及缺乏应对不利扰动的能力而使该系统容易受到损害的一种本质属性,在系统遭受扰动时这种属性才表现出来[38][39]。

安全系统脆弱性是指安全系统在遭受外界扰动时表现出的敏感性和应

对能力。刘铁民从火灾频发的角度研究城市公共安全系统脆弱性[40]，他认为脆弱性是公共安全体系的结构性缺陷，不能把事故的发生归结于某个人或者某个事件，而应从制度化建设入手，克服系统的脆弱性。韩豫和成虎从脆弱性和耗散结构理论分析了地铁运营系统的脆弱性，指出干扰和暴露是事故发生的先决条件[41]。我国施工企业安全事故频发，但存在着"头疼医头、脚痛医脚"的弊病，而从脆弱性角度分析施工企业安全系统却鲜有研究，从而无法从根本上克服系统脆弱性，这也正是本书关注的问题之一。

2.2 文献综述

2.2.1 安全投资相关研究现状

安全投资是企业投入安全生产活动的一切人力、物力、财力的总和，根据投入时间不同，在事故发生前的投入称为预防性投入，又叫安全成本投入，在事故发生后的投入又称为控制性投入，又叫安全损失投入[42][43]。安全投资不足和安全投资效果不理想是造成我国建筑安全事故频发的重要原因[44][45]。下面首先对安全投资的相关研究进行梳理分析，从而为本研究奠定理论基础。

（1）国外研究现状

Andreoni指出职业伤害费用在不同行业的分布不同，并将安全费用投入分为事故预防费用和事故处理费用，并建立了完善的职业安全费用模型[46]。Hinze据此构建了建筑施工企业安全投资，包括八个典型方面：事故调查投入，安全委员会投入，药品检验投入，配备安全人员投入，个人保护装备投入，安全管理制度投入，安全奖励计划和安全培训[47]。Son等从事故损失成本的角度对企业最优安全投资进行了分析，在综合考虑事故损失直接成本和间接成本的基础上建立了成本评估模型，结果指出有效的安全控制投资应处在项目全部投资的1.2%～1.3%之间[48]。Cooper和Phillips主张将安全投入分为管理承诺、管理行动、个人的安全承诺、所知觉的风险水平、必要工作速度之效应、事故因果关系之信念、工作所致压力之效应、组织中安全沟通之有效性、紧急程序之有效性、安全训练之重要性、组织中安全人员及安全委员会之地位等11个方面[49]。Zou等指出施工安全投资的构成要素可以分为以下六个部分，分别是安全从业人员费用（现场员工和总部员工），安全培训费用，安全设备和设施费用（员工保护设备、安全装置等），与安全相关的新技术、新方法或新工具费用等，安全委员会成本以及安全促进和安全激励费用等内容[50]。Teo和Feng指出在施工现场安全投资对安全绩效既有直接作用，也会通过安全文化对安全绩效产生间接作用[51]。Feng指出安全投资是承包商包括分包商在各类事故预防活动中做出的花费，可以分为基础安全措施投资和自主安全措施投资两类，前者主要包括人员花费、安全设备和装置花费、培训花费等，后者包括安全检查和会议花费、安全激励和促进花费以及安全变革花费等，并指出事故调查、安全检查、安全委员会、安全激励以及室内安全培训与安全专家、安全设备及正规培训相比对安全绩效的影响更大[52]。

(2) 国内研究现状

自20世纪90年代以来，我国学者逐渐加强了对安全投资的关注。李晓飞指出，安全投资的目的是通过对系统中存在的危险进行定性和定量的分析，从而针对系统中存在的问题，在当前科学技术水平和经济条件的基础上，提出有效的解决措施，达到消除危险或将危险降低到最小限度的目标[53]。李列平指出安全投资包含广泛的内容，不仅包括各系统在设计、制造时的投资，也包括在运行过程中的追加投资，以及对相关人员进行安全教育和安全管理的投资，并列举了九大投资内容：重大危险源、危害源治理、生产设备的安全防护、工作环节的改善设施、基建或改建中的安全卫生设施、安全方面的科研费用、个体防护用品、安全管理费用、特殊安全教育费用和事故损失费用等[54]。邓小林等对建筑项目安全投资的中国香港地区的经验进行了分析，提出安全投资的最终目的是保护工人的健康和身体以及承包商的物质财产不受侵害等，并指出安全投资的主要内容包括对安全管理人员和安全设备的投入两个方面，通过对安全投资与事故损失的分析得出建筑项目的最小安全投资应为建筑总投资的0.55%[55]。邱少贤和梅强对部分企业安全投资的现状进行了分析，指出安全投资的主要内容包括安全技术措施费、工业卫生技术措施费、安全教育费、个体保护用品费和日常安全管理及人工费等，且安全投资具有长期性、滞后性和潜在性等特点，应当注重对企业安全设备和设施安全程度的提高和安全教育投资的提高[56]。

　　陈全君和何学秋对安全投资的本质和特性进行了总结分析，指出安全投资的本质是实现资源分配的经济活动，其具有动态性和创造性等特点，根据安全投资在组织活动中的作用将其分为基础性安全投资和提高性安全投资两类，前者是指为保证组织活动正常进行的投资活动，如对基本设施、技术、人力等的投资，后者是为提高组织的安全水平、预防和控制事故、职业危害、经济损失和其他损失的投资活动，如安全管理投资、安全教育培训投资等[57]。彭红军和李新春从系统本质安全管理的角度将安全投资细分为四大类，分别是对人的安全投资（包括安全教育培训、劳动保护、工伤保险等）、对环境的安全投资（防灭火、防治水、供电等）、对设备的安全投资（包括安全设备购置、维修、和技术研发等）、对管理的安全投资（包括安全制度建设、安全监察预警、事故处理和日常管理等）[58]。张杨等指出我国建筑业安全管理水平普遍偏低，安全管理标准化程度不高，安全事故的发生往往是因为某些管理细节缺失，例如安全资金投入不足，导致作业人员缺少必要的安全教育、施工区域缺少必要的防护设施、施工机具设备缺少必要的维护保养等[59]。陆玉梅和梅强对国内100家中小企业的安全投资状况进行了统计分析，其中安全投资的主要内容包括安全技术措施费、个体防护用品费、安全教育与管理费和职工保险费等，且建筑行业企业的安全投资水平低于化工行业、机电行业和矿山行业等企业的水平[60]。

　　施式亮等总结了目前国内学术界关于安全投资的概念，主要包括两种表述形式：一是将安全投资作为对与安全相关活动的一切人力、物力和财力等投入的总和，在安全实践活动中，安全投资以提高安全活动效益为目的，包括安全技术措施投入、安全设施维护、保养投入、个体劳动防护投入、事故救援及预防、事故伤亡人员的救治等；另一种是将安全投资作为一种保护职工在生产过程中的安全和健康所支出的费用，如为预防事故、防止因工伤亡、治理尘毒等投入的全部费用。其进而将安全投资的内容分为六个具体方向，分别是安全设施投资、工业卫生设施投资、辅助设施投资、安全宣传教育投资、劳动保护投资和事故处理及修复投资[61]。刘芳和许程洁将建筑工程项目施工过程中安全投资的内容分为预防性投资和控制性投资两部分，前者是指为预防安全事故发生而进行的主动安全投资，主要包括对安全教育、劳动保护、文明施工和现场安全设施等内容的投资，后者是指事故发生中或发生后的伤亡程度和损失后果的控制性被动投入，主要包括对事故处理和职业病诊治等内容的投资[62]。黄柯指出目前我国在安全生产工作取得了一定的成果，但是安全形势依然严峻，主要在于安全事故时有发生，不仅严重影响了施工企业经济效益，也不利于社会安定。施工类企业在发展过程中，应当根据成本经济效益管理、安全管理的实际状况，综合分析经济效益与安全生产之间的关系，制定并实施相应的管理策略[63]。

2.2.2 安全绩效相关研究现状

（1）国外研究现状

Sawacha 等系统梳理了建筑施工安全绩效的影响因素，如个人年龄、经验等历史因素，货币方面的经济因素，员工、监理人员方面的心理因素，培训和现场安全设备处理的技术性因素，现场安全管理等组织和环境因素等，通过因子分析得出了对在英国建筑业对安全绩效具有较大影响的五大因素，分别是安全管理、安全手册、安全设备、安全环境以及安全代表人员等[64]。Hinze 和 Gambatese 以专业承包商为例对其安全绩效影响因素进行了分析，指出减少工人的营业额、对员工进行药物测试、在协会帮助下进行培训等都会对安全绩效具有积极作用，此外还发现了安全激励计划与更好的安全绩效并无显著关系，而随着公司的规模增长，安全绩效却有所改善[65]。Siu 等以中国香港地区建筑行业为研究对象研究了安全氛围对安全绩效的影响关系，将安全氛围分为安全态度和安全沟通两个维度，将安全绩效分为自我报告事故率和职业伤害两个内容，并证实了安全态度对事故率具有显著的影响关系[66]。Tam 对中国建筑安全管理现状进行了分析，指出承包商较差的安全管理行为值得关注，包括对个人保护设备提供不足、缺乏安全培训和定期会议等，影响安全绩效主要因素包括管理人员的安全意识差、缺乏培训、安全投入意愿不足以及行为不计后果等[67]。Cheng 等分别从组织层面和项目层面分析了安全绩效的构成要素，就组织层面的要素而言，按照与安全绩效相关性由大到小依次为行政和管理承诺、健康和安全培训、法律、规范和标准、对分包商的选择和控制、安全审查和事故记录，就项目层面而言，按照与安全绩效相关性由大到小依次为项目管理承诺、风险管理、安全工作履行、信息、培训和促进、应急管理、记录、报告和调查以及安全审查[68]。Molenaar 等实证分析了公司安全文化对安全绩效的影响，并指出安全文化的五个变量可以作为反映安全绩效的指标，分别是：安全承诺、对员工的安全激励计划、分包商对公司文化的参与、现场人员的安全责任和贡献、对不安全行为的约束等[69]。

在安全绩效评估和测度方面，El-Mashaleh 等运用 DEA 的方法对多个项目的安全绩效进行了测评，从而能够为建筑公司针对个别项目情况提高安全绩效提供了理论支持，并梳理了近年来学者们得出的对安全绩效的影响因素，包括组织安全政策、安全培训、安全会议、安全装备、安全检查、安全激励和惩罚、员工对待安全的态度以及劳动生产率等[70]。关于安全激励和惩罚（Safety Incentive and Penalty）方面，Hasan 和 Jha 以施工合同中的安全激励与惩罚条款对安全绩效的影响进行了深入分析，指出了对安全绩效具有重要影响的六个因子，分别是激励分布方法、适当的劳动培训、对风险的特殊关注、安全委员会和分包商的角色、专业的工作和安全设备、对激励和惩罚的权利形式等[71]。Grabowski 等指出传统的安全绩效的测量指标为美国职业安全和健康管理局（Occupational Safety and Health Administration，OSHA）提出的测量指标，主要包括可记录的损伤率（Recordable Injury rate，RIR）、工时损失、工作限制或转移损伤率（Days Away, Restricted Work, or Transfer Injury Rate，DART Injury Rate），或工伤赔偿经验评级（Experience Modification Rating（EMR）on workers' compensation）[72]。Hinze 等指出上述指标是事故发生后提供的数据，属于滞后指标（Jagging Indicators），而要预测未来安全绩效水平需要具有先验数据（Jeading Indicators），滞后指标从属于安全结果，而先验指标是应用于施工工作的安全措施，先验指标可以分为积极先验指标和消极先验指标，前者包括管理者参加现场技术会议的百分比、管理者参加计划会议的百分比、工地现场安全合规的检查、对工人行为观察记录的评估以及工地现场安全程序的变化等，后者包括管理者拥有 OSHA 认证卡的数量、分包商的资质、分包商对安全程序的批准以及对工人的承诺等[73]。

此外，Hinze 等通过文献梳理了 22 种安全措施，并以美国 57 个项目为研究对象，通过对比这些项目的措施落实情况与安全绩效情况发现了对较好的安全绩效相关较大的 10 个安全措施，分别是：工人观察项目、工人安全观念调查、对急救创伤的追踪、检查员对安全政策制定的参与、所有者对安全的积极参与、对管理者的现场安全培训、充足的安全人员等[74]。Wehbe 等运用社会网络的方法（Social Network Analysis，SNA）分析了施工现场的网络和安全管理对安全绩效的影响，工程项目中如果施工团队组建的网络互动性较强且网络结构具有较高弹性时的项目安全绩效表现更好[75]。Patel 和 Jha 以印度建筑项目为例，分析了对安全绩效具有显著影响因素，结果指出安全氛围、安全预算和风险管理对工人安全行为和安全绩效具有显著影响，而安全规则和规范对工人安全行为影响较弱，但对整个项目的安全绩效影响较大[76]。

（2）国内研究现状

根据人们对"安全绩效"一词理解的不同，对安全绩效的研究主要体现为对安全收益、安全投资效益以及事故损失等内容的研究，刘素霞等指出目前关于安全绩效的定义主要有三类：一是指安全生产事故发生情况及其后果；二是企业现实的表现衡量安全工作的运行效果；三是用事故发生情况和企业现实情况表现综合体现安全绩效[77]。下面对国内学者关于安全绩效方面的研究进行梳理分析。

韩治雪以安全生产装置为例，指出了对安全装置投资的效益分析，主要体现为对安全装置投资效果指标的计算分析，包括累计经济效果、年均经济效果和投资回收期等，其中累计经济效果主要通过安全装置使用年限、基建投资费、事故发生频率、事故发生损失等数据计算得出[78]。梅强指出安全投资效益与生产经营投资带来利润的增加不同，并不是显性的效益增加，而是通过降低事故隐患和经济损失而带来的隐性效益，其将安全事故造成的损失分为直接经济损失和间接经济损失两类，前者包括人身伤亡所支出费用、善后处理费用、财产损失价值等，后者包括停产和减产损失价值、工作损失价值、资源损失价值、处理环境污染的费用及其他损失费用等[79]。屠文娟等指出对安全事故经济损失的衡量关系到对安全投资效益的评价，对此，基于生命经济价值理论提出应当对安全事故造成的损失予以衡量，指出人的生命经济价值应当包括工作损失价值、个人收入损失、对其投入费用损失以及给家庭带来的精神损失等，通过提高安全事故带来的损失计算，从而从根本上显示出安全投资所带来的效益，提高企业进行安全投资的动力[80]。李祥等指出安全效益体现为安全条件的实现，对国家、集体以及个人所产生的安全效果和利益，从表现形式上看，安全具有减少损失和增加价值的功能，从内在形式上看，体现为每投入一个单位带来的利益的增加[81]。

2002年由国家标准化委员会颁布实施的《职业健康安全管理体系规范》指出安全绩效是基于职业健康安全方针和目标，与组织的职业健康安全风险控制有关的，职业健康安全管理体系的可测量的结果，如职业病的发生，事故的发生等[82]。强茂山等据此指出安全绩效的指标可分为事故导致的经济损失和工时损失，以及工伤事故率等，但由于其测量有困难，对项目的安全绩效评价可以依据住房和城乡建设部颁布的《建筑施工安全检查标准》中对工程项目文明施工检查的评分标准作为安全绩效的标准[83]。章鑫等以此为标准定量分析了业主对工程项目安全绩效的影响关系，得出业主的显著影响体现在四个方面：业主对分包和劳务单位有资质要求、业主在现场设有安全管理机构和人员、业主主持参加项目安全会议的频率以及业主要求承包商施工过程中定期汇报项目安全情况的频率等[84]。

在安全绩效影响因素的实证分析方面，冯领香等采用蒙特卡罗方法对ABM模型进行重复仿真模拟，表明安全投入增加能有效提升大多数安全绩效，但边际递减效应明显，其中安全预防费用对安全绩效的影响能力最强，且与安全工程费用和安全员薪酬间存在明显的协同效应[85]。刘祖德等探讨了员工个体特征对班组安全绩效的影响程度和作用机制，指出在一阶维度层面，员工参与在组织支持感对安全绩效的影响过程中存在明显的中介效应；在二阶维度层面，中介效应的效果量具有显著的差异，分为完全中介效应、部分中介效应和无中介效应[86]。刘霁等利用关键绩效指标（KPI）建立了建筑施工企业的安全绩效评价指标体系,包括人的因素、管理制度、施工设备和环境条件四个维度[87]。刘素霞和梅强对我国中小企业的安全绩效情况进行了分析,指出中小企业面临职业危害突出,安全生产保障能力差以及安全生产违法、违规现象严重,安全系统运行能力差等现象,并从安全生产责任制度执行、安全投资及费用执行、安全培训执行、安全机构和人员设置执行、企业安全检查、应急预案、事故报告执行、特种作业人员持证上岗执行以及工伤保险和风险抵押金执行情况等方面进行了具体分析[88]。

在安全绩效的测度方面,李永娟等将安全绩效分为安全绩效行为和安全结果两个维度,前者是指员工的安全遵守行为和安全参与行为情况,后者是指安全事故及对人员造成的损失情况等,并从社会支持和工作压力角度分析了对安全绩效的影响作用[89]。李乃文和黄鹏提出安全绩效的范畴包含两个部分,一部分是安全事故发生情况,包括事故损失和事故处理;另一部分是安全管理系统,包括对员工的安全教育培训、安全设备设施的配备情况以及安全检查的运作情况等[90]。董大旻和冯凯梁基于欧洲质量管理基金会的EFQM绩效评估模型建立了高危企业的安全绩效评估模型,分别从领导、政策战略、人员、资源设施、生产过程和事故损失等方面就绩效构成要素进行了分析[91]。何清华等认为在项目管理方和施工方均无对风险偏好的前提下,提高遵守安全管理人员的比例、提高项目管理方和施工方的关联系数、增加安全收益和安全危险的损害均有利于建设项目通过安全公民行为实现建设项目安全绩效[92]。此外,近年来关于企业安全绩效的相关研究指出,对企业安全绩效的测量包括行为自身因素和行为的结果因素,前者多指员工的安全遵守行为和安全参与行为,后者指基于此类行为发生的结果如安全事故、伤亡情况等[93~95]。

2.2.3 员工安全行为相关研究现状

(1) 国外研究现状

①安全行为基础理论

国外关于安全行为的研究最早可追溯到20世纪初产生的一系列事故致

因理论。1919 年，M. Greenwood 和 H. Woods 通过对工厂里的事故发生次数进行统计分析和检验得出工厂里的员工存在着事故频发倾向者，并指出发生一次事故之后的员工有重复发生第二次、第三次事故的倾向[96]。1926 年，E.M. Newbold 同样证明了工厂里存在事故频发倾向的事实[97]。1939 年，Farmer 和 Chambers 首次提出了"事故频发倾向理论"，指出工厂中存在着个别的事故频发倾向者，他们易发生事故的原因是由于其先天心理、精神缺陷或内在倾向导致的。事故频发倾向理论的出现引起了人们对于员工不安全行为的关注[98]。随后产生的一系列事故致因理论，如以 Heinrich 为代表的事故因果连锁理论[1]、以 Surry 为代表的事故模型[6]、以 Johnson 为代表的变化—失误理论[99]等都将人为失误作为导致事故发生的关键环节。1979 年 G. Eamest 和 J. Palmer 提出了基于行为的安全管理（Behavior—Based Safety，BBS），开创了人们对安全行为的先河[100]。

②安全行为影响因素

国外关于安全行为影响因素的研究较多。Hofmann 和 Stetzer 认为引起人的不安全行为的因素分为组织层面和个人层面，组织层面包括组织过程、安全氛围等，个人层面主要指角色超载的认知[101]。Jones 和 Wuebker 提出"安全控制基因"的概念，他将安全控制基因分为内部安全控制基因和外部安全控制基因，具有内部安全控制基因的人认为事故是由其自身特性引发的，因而会自动采取安全防护措施等行为，而具有外部安全控制基因的人认为事故是由环境引起的，从而不会采取过多的防护措施[102]。Donald 和 Young 指出了安全态度和安全行为的密切相关性[103]。Clarke 和 Robertson 从人格特质方面分析了不同人格特征（包括外向型、和善型、开放型、尽责感和神经质）对员工安全行为的影响[104]。Mearns et al. 提出了安全氛围中工作团队的亚文化对员工安全感知的重要性[105]。Al-Refaie 实证分析了高层管理实践、组织水平、员工授权和良好的安全文化对员工安全意识和安全行为的重要影响[106]。Goldenhar 从理论和实践方面论述了高层管理者承诺、参与，员工授权等对安全行为激励的重要性[107]。Neal 和 Griffin 提出了安全氛围、安全动机和员工安全行为之间相互影响的关系[108]。Han 建立了建筑施工企业员工安全行为的自动观测系统，以帮助员工和管理者进行沟通和反馈，从而建立良好的安全氛围[109]，而 Clark 实证分析了职业压力对安全行为和安全结果的影响[110]。Fugas 从认知和社会调解机制角度分析了安全氛围对安全行为的影响[111]；Allahyari 等实证分析了具有较高职业认知失败率的员工发生事故的风险更大[112]；Mitropoulos 和 Memarian 也指出了认知、情感和行为对施工团队建设和施工人员安全的重要作用[113]。

(2) 国内研究现状

①安全行为基础理论

我国对安全科学的研究与应用始于 20 世纪 80 年代，1985 年，中国劳动保护科学技术学会在召开第二次科学体系学术讨论会时提出了建立安全科学体系的问题，1991 年，隋鹏程和孙世昌提出了安全科学体系的建立，并将安全行为科学作为安全科学的应用基础[114]。之后，随着我国经济的发展和生产安全问题的日益严峻，企业安全生产相关的问题日益受到了人们的关注。陈宝智提出的两类危险源理论将人的不安全行为和物的不安全状态作为第二类危险源，并认为第二类危险源是诱发第一类危险源（即意外释放能量或伤害的物质或载体）的直接原因[115]。在此基础上田水承等提出了三类危险源理论，并指出第三类危险源是诱发第二类危险源的因素，包括管理决策失误或组织失误等[116]。这些理论的提出为人们研究人的不安全行为产生的原因提供了方向。

②安全行为影响因素方面

周炜等通过混合建模分析理清了影响建筑工人安全行为因素的层次结构，认为安全行为是组织安全环境、组织安全实施、前线安全环境和工人自身因素复杂作用下的产物[117]。栗继祖和康立勋建立了以个人能力因素和非能力因素为指标的心理测量体系，并指出个人心理因素是造成人发生不安全行为的主要因素，而人的不安全行为又是导致安全事故发生的主要原因[118]。张静等指出近 90% 的安全事故是由工人的不安全行为引起的，根据基于 SEM 的安全行为影响因素表明个人因素、管理因素和方法因素对农民工安全行为有显著影响[119]。郭术田等实证分析了个人的个体特征、是否获得领导支持、个人对自身责任和权利的认识等四个方面的因素对员工的安全行为有显著影响[120]。梁振东和刘海滨也从个体特征角度分析了自我效能、工作满意度、安全知识等与员工不安全行为相关[121]。周刚等从人因失误角度指出应加强安全教育、培训和人机系统设计等方面来预防人因失误，从作业标准化、安全管理等方面降低人的不安全行为[122]。吴建金等基于中介效应法实证分析了安全意识、安全态度和安全参与作为中介因素影响着安全氛围和安全行为的关系[123]。张孟春和方东平以计划行为理论为基础，从安全认知角度分析了导致员工不安全行为的原因[124]。何刚等采用网络层次分析法从个体因素、群体因素、自然环境等5大方面建立不安全行为评价指标体系，认为心理因素、安全氛围、合作氛围和知识水平是影响矿工不安全行为的关键因素[125]。毕默在研究建筑企业安全氛围与安全领导力和员工安全行为的关系中指出，员工的个人因素对建筑行业安全氛围有影响，同时安全氛围也受到安全领导力的影响，而安全领导力又通过安全氛围影响员工的安全行为[126]。此外，还有学者从安全行为评价和安全行为管理角度进行了相关研究。

2.2.4 安全投资决策相关研究现状

（1）国外研究现状

Yoon等就化工企业如何进行安全投资决策进行了研究，建立了优先投资矩阵，并认为安全投入费用最小化由企业能承受的最大风险、事故发生概率和管理者的安全管理能力共同决定[127]。Manuele构建了柯布道格拉斯（C-D）生产函数，分析了资本和劳动力两种安全投入效果的优劣[128]。Farrow和Hayakawa提出安全投入边际效益理论，指出每增加一个单位的安全经济效益，与所需花费的安全投入成本相同时，安全投入效益最优[129]。Hallowell指出，建筑事故的发生会带来15%的施工成本的上升，其基于风险量化和分析技术建立了事故预防增量投资回报评估模型，通过事故发生的频率和成本，确定具体的伤害预防技术，从而降低风险[130]。Lu等提出了基于主体建模的建筑安全投资与安全绩效关系模型，分析了不同的安全投资要素与员工和环境的相互作用机理及对安全绩效的影响关系，从而为识别不同安全投资的作用，优化安全绩效提供理论支持[131]。

(2) 国内研究现状

在安全投资决策分析的流程方面,李列平指出安全投资决策分析主要包括以下四个步骤:一是系统的危险性分析,主要采用的方法包括调查综合分析法、技术分析法、经验分析法和数理统计法(直接概率法或主观概率法)等;二是确定危险与损失的关系,主要采用的方法包括统计分析法、数学解析法等;三是安全投资方案的选择,旨在确定安全投资规模和安全投资方向,主要采用的方法包括期望值法、贝叶斯方法等;四是对投资效果的评估,主要采用的方法包括根据预测函数进行评估以及成本—效益分析等[132]。侯立峰和何学秋指出安全投资决策模型的内涵是通过生产系统所达到的安全效果与其消耗的资源之间的比较,把各项安全投资费用同系统的性能要素联系起来,以系统效果的边际效用作为系统的效果指标,建立模型并求解,具体可以分为三个步骤:一是对生产系统的安全进行功能分解,将安全效果细分到具体的投资项目上,二是提出安全投资措施,根据生产系统功能改善的状况,以其边际效用作为对安全投资效果的度量,三是确定系统正常运行的安全水平,建立安全投资决策的目标规划模型,求解模型确定安全投资组合[133]。张可指出不同投资分配决策往往导致安全效用存在较大差异,可以考虑先利用层次分析求得各因素权重,而后用目标规划的方法进行决策,通过控制决策前后安全效果的偏差大小来实现更加合理的安全投资分配[134]。

在安全投资决策的方法方面,王书明和何学秋指出安全投资具有不可逆性、可延迟性和收益不确定性,提出采用实物期权理论进行安全投资决策,充分考虑在不确定性下安全投资的机会价值,从而为管理者进行安全投资决策提供依据。鉴于直接计算安全投资的经济效益有很多困难[135]。韩光胜等提出利用安全投资的边际收益来反映安全投资收益,利用不变替代弹性生产函数建立安全投资效益模型,利用该模型求出最优安全投资比例[136]。颜会芳等基于实物期权博弈的理论与方法对安全投资决策的相关研究进行了评述分析,指出安全投资决策理论近年来取得了一些研究成果,但仍然存在一些问题,包括安全投资效益评价的量化方法较为落后和简单,当下很多安全投资评价方法忽略了安全投资的外部竞争性、未来不确定性、不可逆性和长期性等,实物期权博弈理论目前尚不成熟等[137]。罗景峰借鉴0-1 背包问题的思路,建立了一种新的安全投资决策模型:该模型用每一个安全投资项目表示决策变量,用每一个安全投资项目的投资数目表示重量,用每一个安全投资项目的权重表示价值,为企业进行安全投资决策提供了新途径[138]。

2.2.5 文献述评

综上所述,国内外学者在安全投资、安全行为和安全绩效相关领域的研究已经取得了广泛的研究成果,在安全投资构成要素、安全投资与安全绩效之间的影响关系等方面均进行了深入研究。但到目前为止,关于建筑施工领域安全投资构成要素的具体内容,安全投资要素与安全绩效之间的作用机理以及施工企业安全投资决策等方面还有待进一步分析讨论[139]。一方面由于国外学者在建筑施工领域的研究与我国建筑施工领域具有不同的社会、经济背景,另一方面现有多数关于安全投资的研究来源于煤炭、交通等领域的成果,缺少专门针对建筑施工企业的调查研究。本书以建筑施工企业安全投资、安全行为和安全绩效为研究对象,通过对国内建筑工程项目的调研辨识建筑施工活动安全投资的构成要素,通过对其与安全行为、安全绩效之间作用机理的实证研究发现重要的安全投资要素,进而建立安全投资决策模型。研究成果一方面充实我国建筑施工安全领域的相关研究,另一方面为我国建筑施工安全管理实践提供理论支持。

第 3 章

建筑施工企业员工安全行为影响因素及决策模型[①]

[①] 支撑论文：李书全，吴秀宇，袁小妹，周远. 基于 GA-SVM 的施工人员安全行为影响因素及决策模型研究 [J]. 中国安全生产科学技术，2014，10（12）：185-191.

建筑施工企业发生的安全事故对员工生命健康乃至社会稳定发展造成了巨大威胁,如何降低安全事故是现代社会急需解决的问题。一系列的事故致因理论都将减少和避免人的不安全行为作为降低事故的主要手段,关于员工不安全行为产生原因的研究大多是基于单一视角指出其对员工不安全行为的影响关系。这些研究假设和方法有助于理论模型的构建分析,具有一定的理论意义,但面对施工环境的复杂性、组织管理的矛盾性以及社会生活的开放性,不可避免具有片面性的缺点。本章以建筑施工企业员工的安全行为作为研究对象,借鉴社会资本理论、认知心理学理论和安全行为理论,从个体间的社会生活、个体认知与行为、组织管理与个体服从三个角度分析员工安全行为影响因素和安全行为决策机理,以促使员工做出安全行为为出发点,对施工企业和员工提高安全行为能力提供理论支持和实践指导。

3.1 员工安全行为影响因素理论分析

3.1.1 安全行为决策概念模型

通过第 2 章对安全行为相关文献和基础理论的分析,建筑施工企业员工安全行为决策概念模型涵盖社会、组织和个体三个层面对安全行为决策的影响过程。

(1) 社会环境层面

该层面依据北川彻三事故因果连锁理论和社会资本理论建立安全行为决策过程(路径一)。员工安全行为的影响因素不能仅停留于企业内部和员工个人,社会、教育等环境也对员工的安全行为有一定的影响。社会资本理论认为,个人在社会网络中拥有的资源会影响其行为决策,安全行为决策也不例外,具体表现为社会环境因素对员工个人的影响。本章以员工个人社会资本为研究对象,探讨二者之间的关系。

(2) 个体特质层面

该层面基于瑟利事故模型和认知心理学理论建立安全行为决策过程(路

径二）。瑟利事故模型从认知角度分析了安全事故的发生机理，指出事故的发生与否涉及员工的感觉、认识和行为响应三个阶段，研究安全行为不能脱离认知心理层面，员工的认知心理过程是员工决定是否作出安全行为的决定性因素。

（3）组织管理层面

该层面基于博德和亚当斯的事故因果连锁理论建立安全行为决策过程（路径三）。现代企业管理在员工安全行为决策方面的影响日益重要，由领导决策失误和现场管理失误造成的员工不安全行为也时有发生，良好的组织安全管理在激励员工（尤其是安全认知水平较低的员工）做出安全行为和避免不安全行为方面具有重要作用。

综上所述，员工安全行为决策模型从社会环境、个体特质和组织管理三个方面描述了员工安全行为决策的过程，社会资本和组织管理除直接影响员工安全行为决策外，还通过影响员工安全认知间接影响员工安全行为决策，如图 3-1 所示。

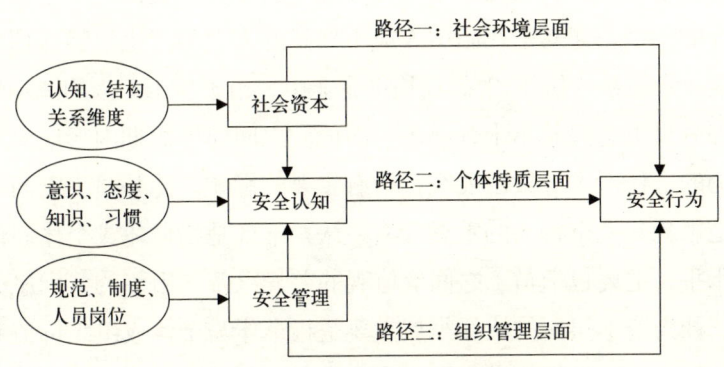

图 3-1　员工安全行为决策概念模型

3.1.2　安全行为影响因素体系构建

根据上文构建的概念模型和相关理论分析可知，员工安全行为影响因素包括社会环境、组织管理和个体特质等众多方面，为探究其对安全行为的影响以便更好地指导实践，有必要对各方面包含的要素进行深入细致的分析。下面通过三方面构成要素的分析建立安全行为影响因素的测量体系。

(1) 社会资本

关于社会资本构成要素的测量，根据研究对象和研究目的的不同有所区别，因此有企业社会资本和个人社会资本之分，企业社会资本又有内部社会资本和外部社会资本之分，本文研究员工社会资本即个人角度的社会资本测量问题。赵延东和罗家德通过对社会资本测量综述中指出，个人社会资本的测量多采用社会网络分析法，对个人在网络中的社会资源进行测量[140]。本章借鉴 Nahapiet 和 Ghoshal 关于社会资本测量的经典分类方法，即将社会资本分为结构维度、关系维度和认知维度。结构维度是指个体或群体的中心性或联系强度，学者们提出利用网络凝聚力和网络范围评价个体的结构洞的强度[141]。网络凝聚力是指群体内员工之间的亲密程度和联系强度，网络凝聚力强说明员工之间联系的次数和质量相对比较高，员工之间信息和知识的交流比较充分，可以为企业营造良好的安全文化和安全氛围创造条件。关系维度是指员工之间的信任和感情等。信任可以分为一般信任和特殊信任，前者是指基于所处环境中的道德、规范等产生的对他人行为信任的预期，尤其是在陌生人或不熟悉的人之间产生，特殊信任是基于亲情或血缘关系的信任[142]。在施工企业中，由于施工工人的流动性比较大，大部分员工之间并不十分熟悉，而他们之间能否短期内形成对对方工作或行为的信任对本身做出安全行为有重要的影响。此外员工之间的相互感情也是影响其安全行为的重要因素。认知维度是指群体或个体间价值观和知识水平，主要包括员工之间价值观的差异以及与组织的共同愿景之间的差异。社会资本层面的认知维度主要是指个体与个体或组织价值观的差异，如个体是否将组织的安全生产作为自己的目标，是否为实现这一目标而努力等，员工社会资本认知维度会促使员工主动避免不安全行为，为达到与组织目标相一致而努力。

(2) 安全认知

依据认知心理学理论，员工对安全的认知水平直接影响到其做出的行为是否符合安全规范。认知是人行为背后的心理决策过程，包括感觉、信息处理、应用等阶段，本章以员工的安全意识、知识存量、安全态度等变

第3章 建筑施工企业员工安全行为影响因素及决策模型

量代表员工的安全认知水平。具有强烈安全意识的员工对周围事物的不安全性具有强烈的感觉认知，也能尽可能避免自己的不安全行为的做出。知识存量是员工进行安全信息处理的基础，员工具有充分的安全知识是导致其不发生认知失误的必要条件。安全态度是员工对安全的价值评断和行为倾向，它是认知的最终阶段，安全态度直接影响着安全行为或不安全行为的出现。此外员工的反应能力也是认知过程的一部分，即当危险来临时，员工是否能够迅速利用已有知识做出行为决策，是认知的恢复与应用过程。

(3) 组织管理

组织管理对员工安全行为具有一定的影响已经得到了人们的证实，Wu等认为安全管理中的安全培训、安全控制和安全关怀是影响员工安全行为的重要因素[143]，Cacciabue也从组织管理角度分析了组织机构、安全政策和规范等因素对员工安全行为决策的影响[144]。根据Akson和Hadicusumo关于安全管理的分类[145]，安全管理一方面包括项目经理等领导层对安全环境和规程的制定实施等，一方面包括日常安全管理人员行使日常的安全监督和安全作业指挥等，我国学者曹庆仁也从管理者行为角度分析了其对矿工不安全行为的影响。组织安全管理尤其是对一些安全认知水平较差、社会资本匮乏的个体起到关键的作用，它一方面通过安全规范、制度或监督提高员工的安全认知水平，一方面也直接保证员工能够做出安全行为，避免不安全行为的出现。此外，组织的人员岗位管理也是影响员工安全行为的重要因素，是否保证人岗匹配、施工人员持证上岗等都是影响安全行为的重要管理因素。

综上所述，根据对员工安全行为影响因素三个层次的分析，构建员工安全行为影响因素体系，如表3-1所示。

建筑施工企业员工安全行为影响因素体系　　　　表3-1

决策变量	一级指标	二级指标	三级指标
员工安全行为	社会资本	结构维度	员工之间相互熟悉
			员工之间经常交流问题和意见
			部门内经常举行聚餐、联谊等非正式活动

续表

决策变量	一级指标	二级指标	三级指标
员工安全行为	社会资本	认知维度	员工为本企业发展目标而努力
			为自己是组织一员而自豪
			对工作重点有一致意见
		关系维度	与其他员工之间相互信任
			与其他员工相互帮助
			与领导之间相互信任
	安全认知	安全意识	工作中保持高度的警惕性
			清楚施工现场的危险部位和节点
		安全知识	根据经验能及时发现施工中潜在的风险
			能及时消除隐患
			具备完成工作需要的技能和知识
			发生突发事故时能够冷静处理
		安全态度	不把工作以外的情绪带到工作中来
			正确对待工作中的压力
			即使没有人监督也会按规范进行操作
			以最佳的状态投入工作
	组织管理	制度管理	具有完善的安全培训制度
			危险事故防范的宣传到位
			有完善的事故预防措施
			人员绩效考核制度健全
		现场管理	安检人员定期进行安全检查
			不存在一人多岗或多头领导问题等
			具有健全的安全操作规范
			有完善的事故应对措施

3.2 员工安全行为关键影响因素确定

3.2.1 数据采集与描述

为确定员工安全行为关键影响因素及后续进行实证分析，利用里克特量表设计原则在上述影响因素体系的基础上设计了调查问卷。问卷共包含三部分内容：第一部分为项目的基本信息，如项目类型、结构类型、项目的工期等，为了解被调查项目的复杂程度和安全状况提供基本信息；第二部分内容为问卷主体内容，主要包括社会资本、安全认知、组织安全管理和员工安全规范遵守四部分测量内容；第三部分为被调查对象的个人基本信息。本次问卷共发放350份，发放形式主要有纸质版发放和网上电子版发放两种途径，分别占68%和32%，共回收330份，通过对问卷数据一致性和逻辑性的筛选，共得出有效问卷316份。

调查样本所在地涵盖了河北省、天津市、北京市、山东省等13个国内建筑业较发达的省市，项目类型包括民用建筑项目、工业建筑项目、市政公用项目和其他项目等，所占比例分别为60.13%、16.77%、13.61%、9.49%。其中民用建筑项目所占比例最大，其次是工业建筑项目，在工程实践中民用项目和工业建筑项目也是施工人员多、发生安全事故较多的项目，因此所调查的项目类型能够较好地涵盖员工的安全行为状况。被调查者的职务多属于专业技术人员，占到总数的55.38%，这对于从一线员工自身角度获取关于其安全行为的影响程度具有重要作用，其次是基层管理者即项目经理层次，占到23.10%，其作为基层管理者对于员工安全行为具有更清晰的认识。

在回收有效问卷获取数据信息的基础上，需要对问卷的信度和效度情况进行分析。信度分析是指问卷内部的一致性、可靠性与稳定性，目前应用比较广泛的度量指标是Cronbach's Alpha系数，系数越大，说明问卷的信度越好。利用SPSS 19.0计算得出问卷的Cronbach's Alpha系数为0.913，大于0.80，说明问卷具有较好的信度。效度检验是对问卷数据对测量题项的准确性或者有效性的检验，通常采用Kaiser-Meyer-Olkin（KMO）系数和Bartlett球形度检验作为测量指标。同样利用SPSS 19.0计算得出问卷的KMO值为0.902，Bartlett球形度检验sig.=0.000<0.005，说明问卷具有较好的结构信度。通过对问卷的信度和效度分析，说明问卷具有较好的稳定性和有效性，为后续的检验分析奠定了统计意义上的基础。

3.2.2 模型介绍

本章采用基于遗传算法优化计算的建模自变量降维方法确定员工安全行为的关键影响因素。

(1) 自变量降维概述

人们在建模过程中为保证不遗漏对模型有用的变量，往往在最初选择自变量时会尽可能地考虑各方面的因素，而这样确定的自变量难免会有意义相同或相近的变量，因而也会形成大量的冗余变量，这些自变量造成的多重相关性会大大降低模型的精度和有效性。因而需要对构建的高维自变量体系进行降维处理，删除包含相同信息的自变量，以消除变量间的相关性。由于降维的重要性，在变量降维方面也产生了多种方法，如 Nguyen 和 Rocke[146] 提出的偏最小二乘法降维与主成分分析法降维相比，有计算量小和速度快的优点。王慧文等提出了主基底降维方法，并指出其能在使原始信息损失最小的情况保留关键信息[147]。此外，陈全润和杨翠红提出了"类逐步回归"的降维方法[148]。近年来，人工智能的发展为人们提供了新的自变量降维的思路——基于遗传算法的自变量降维，该方法逐渐被应用到了各个领域[149]，并取得了良好效果。遗传算法优化神经网络后能够改进神经网络收敛速度慢和易陷入局部极小的缺点，又能较好地解决一些非线性问题。由于员工安全行为影响因素众多，且在现实生活中并非是简单的线性关系，因此本章采用遗传算法进行自变量的降维，以便能够较好地适应非线性问题并能消除变量间的多重相关性。

(2) 遗传算法优化计算的原理

遗传算法是在生物进化论的基础上产生的，1967 年，遗传算法的概念由 Bagley 首次提出，并发展了复制、交叉、变异、显性、倒位等遗传算子。1975 年，Holland 教授利用遗传算法的思想对自然和人工自适应系统进行研究并提出了遗传算法的基本定理——模式定理，后经 De Jong、Goldberg、Davis 的总结与应用，逐渐成为一种应用广泛的优化技术[150]。遗传算法的基本操作是人们熟知的三大算子：选择、交叉和变异。选择又称复制，是根据优胜劣汰的原则对群体中生命力强的个体进行选择并产生新群体的过程,选择的依据是个体的适应度值大小,适应度大的个体被选择的概率较大,适应度小的个体被选择的概率较小。选择操作有效地避免了有用遗传信息的丢失,能够提高全局收敛性和计算效率,常用的选择算子有轮盘赌选择、随机竞争选择、最佳保留选择等。交叉又称重组,是根据生物遗传中染色体交叉配对的原则从群体中选择个体进行两两配对,交换两个个体的某些部位,从而产生新的个体。常用的交叉算子有单点交叉、两点交叉和均匀交叉等。变异是根据生物学基因突变的原则对个体中某个位值进行改变,产生新个体的过程,变异操作能够保证种群的多样性,防止出现早熟现象。

利用遗传算法优化计算进行自变量降维的原理为:每一个染色体或称之为个体视为问题的一个解,将每个解映射到编码空间,使其对应于每个编码,编码的长度为自变量的个数,利用二进制编码,即染色体每个基因的取值为"1"或"0"。如果染色体的基因位为"1",说明该位置对应的自变量为筛选出的关键变量,参与之后模型的构建;如果为"0",说明该位置对应的自变量不作为关键变量参与之后模型的构建。经过反复迭代计算,最终筛选出关键变量。

借鉴史峰等[151]的思想,基于遗传算法优化计算的步骤如图 3-2 所示,主要包括以下几部分。

①建立初始 BP 神经网络模型

为比较遗传算法优化前后模型的精度,首先建立所有自变量参与建模的 BP 神经网络,与之后遗传算法优化计算后筛选出的变量建模的精度做对比。

②产生初始种群

随机产生 N 个初始个体构成初始种群,每个个体的长度由初始自变量的个数决定,且数值为 0 或 1。以这 N 个初始个体构成的初始种群开始进行遗传算法的迭代计算。

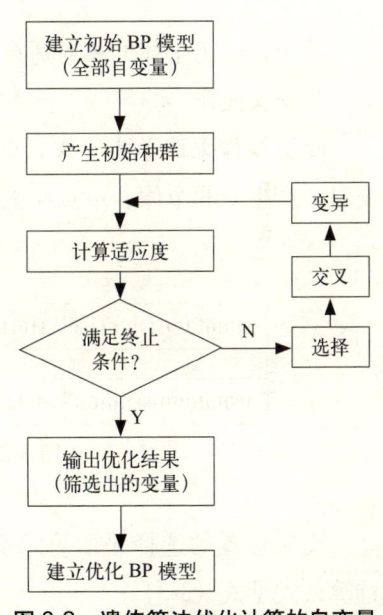

图 3-2 遗传算法优化计算的自变量降维过程

③计算适应度

适应度函数为测试集数据误差平方和的倒数,如式(3-1)所示:

$$f(X) = \frac{1}{SE} = \frac{1}{sse(\hat{T}-T)} = \frac{1}{\sum_{i=1}^{n}(\hat{t}_i - t_i)^2} \quad (3-1)$$

其中,$\hat{T}=\hat{t}_1$, $\hat{t}_2$, …, $\hat{t}_n$ 为测试集的预测值;$T=t_1$, t_2, …, t_n 为测试集的真实值,n 为测试集的样本个数。在计算个体适应度时,为避免神经网络初始权值和阈值的随机性产生的干扰,均利用遗传算法对其权值和阈值进行优化。

④选择操作

选择算子采用比例选择算子,即个体被选中的概率与个体的适应度值成正比。采用轮盘赌的选择方法,产生(0,1)之间的随机数,概率大的个体被选择的次数也比较多。个体适应度比例计算公式见式(3-2):

$$p_k = \frac{f(X_k)}{\sum_{k=1}^{N} f(X_k)} \quad k=1, 2, …, n \quad (3-2)$$

其中,p_k 为个体的相对适应度,也即个体被选中的概率。

⑤交叉操作

交叉操作采取单点交叉,即选取染色体的某个位置为交叉点进行两两交叉,产生新的个体,单点交叉示意图如图3-3所示。

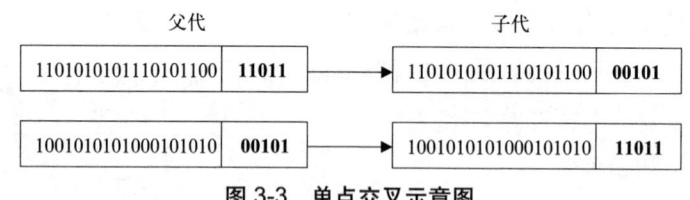

图3-3 单点交叉示意图

交叉位置的选择采取算术交叉算子,利用给定的交叉概率进行交叉,计算公式见式(3-3):

$$c_1 = p_1 \times a + p_2 \times (1-a); \quad c_2 = p_1 \times (1-a) + p_2 \times a \quad (3-3)$$

其中，p_1、p_2 为交叉配对的个体，c_1、c_2 为配对后产生的新个体，a 为交叉概率。

⑥变异操作

变异操作选用单点变异操作，即随机产生变异点进行变异，将变异点的"1"变为"0"，或将"0"变为"1"。

⑦输出优化结果

经过迭代计算后，输出满足终止条件的最优个体，即筛选出关键自变量组合。

⑧建立优化后的 BP 神经网络

建立遗传算法优化后的 BP 神经网络进行预测，与第 1 步建立的 BP 神经网络对比，从而进行分析。

3.2.3 关键影响因素确定

根据上述分析和建模步骤，基于获取的调查数据，对前述建立的员工安全行为影响因素变量进行自变量降维，为下文建立决策模型奠定基础。由表 3-1 可知，构建的影响因素个数为 27 个，首先建立所有自变量的 BP 神经网络，然后利用遗传算法进行优化计算，建立优化后的 BP 神经网络，利用 Matlab2012a 进行训练，筛选前后的模型预测结果和筛选出的关键变量按照下述步骤产生。

（1）遗传算法优化计算模型建立

利用遗传算法 GOAT 工具箱完成遗传算法的优化，在模型建立前需要指出的是 GOAT 工具箱的两个主函数，分别为种群初始化函数 initializega() 和遗传优化函数 ga()。

种群初始化函数 initializega() 的调用格式为：

pop=initializega(populationSize, variableBounds, evalFN, evalOps, options)

其中等式左边 pop 为函数的输出，代表随机生成的初始种群。等式右边为输入参数，populationSize 为种群大小即种群中个体的数目，variableBounds 为变量的边界，evalFN 为适应度函数的名称，evalOps 为传递给适应度的参数，options 为精度及编码方式，0 为二进制编码，1 为浮点编码。通过调用此函数，生成初始种群。

遗传优化函数 ga() 的调用格式：

[x,endPop,bPop,traceInfo]=ga(bounds,evalFN,evalOps,startPop,opts,termFN,termOps,selectFN,selectOps,xOverFNs,xOverOps,mutFNs,mutOps)

ga() 函数包括了遗传算法选择、交叉、变异的操作，其中等式左边为输出参数，变量解释如下：

x 为最优解，即求得的最优个体，endPop 为优化终止时的最终种群，bPop 为最优种群的进化轨迹，traceInfo 为每一代的最优和平均适应度函数值矩阵。

Bounds 为变量上下边界的矩阵，evalFN 和 evalOps 与上述函数一样分别为为适应度函数和适应度函数参数；startPop 为上述函数产生的初始种群；opts 与为精度、编码形式及输出，默认值为 [10^{-6} 1 0]，表示精度为 10^{-6}，采用浮点数编码形式，运行中不显示输出；termFN 为终止函数的名称，默认值为 [MAXgenterm]，termOps 为终止函数的参数，默认为 gen，即最大迭代次数；selectFN 和 selectOps 分别为选择函数名称和选择函数的参数，默认值为 0.08，xOverFNs 和 xOverOps 分别为交叉函数的名称和交叉函数的参数，默认为 Simple xOver，mutFNs 和 mutOps 为变异函数名称和变异函数的参数，默认为 boundaryMutaton。

根据上述分析和步骤，首先建立输入变量包含 27 个自变量的 BP 神经网络，根据 Kolmogarav 定理设计隐含层数目为 $2n+1$，n 为输入层变量的个数，隐含层变量个数为 55，BP 神经网络的输出结果和输出误差分别如图 3-4 和图 3-5 所示。然后利用遗传算法优化计算进行变量选择，利用遗传算法对自变量进行优化筛选时，染色体长度为自变量的个数，设为 27，种群大小设为 20，最大进化代数设为 100。经过遗传算法优化计算后，筛选出的自变量代号为【1 2 4 7 8 10 17 19 20 21

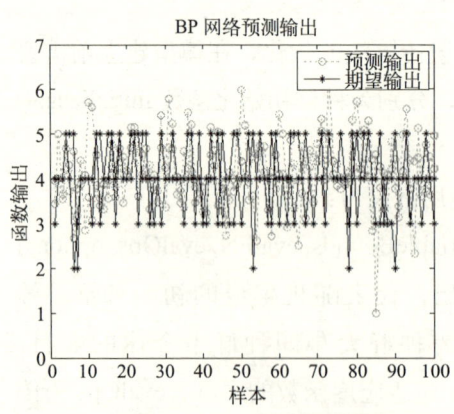

图 3-4 优化前的 BP 神经网络预测输出

22 24 27]。适应度函数曲线如图 3-6 所示。

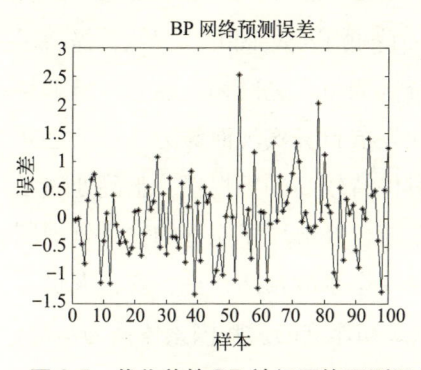 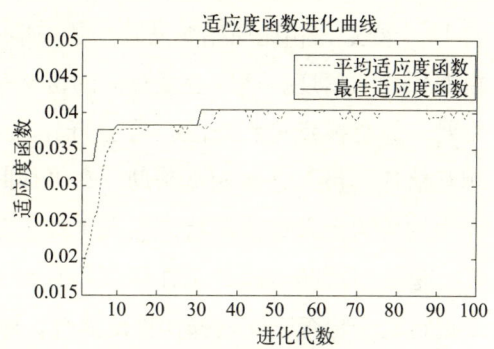

图 3-5 优化前的 BP 神经网络预测误差　　图 3-6 种群适应度函数进化曲线

根据筛选出的变量建立新的 BP 神经网络，其中输入变量为筛选后的关键变量共 13 个，隐含层个数为 27，输出变量仍为员工安全行为状况，优化后的 BP 神经网络预测输出结果和误差分别如图 3-7 和图 3-8 所示。

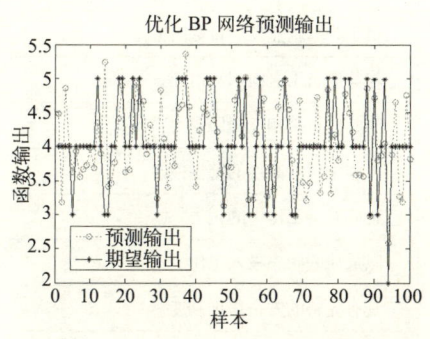 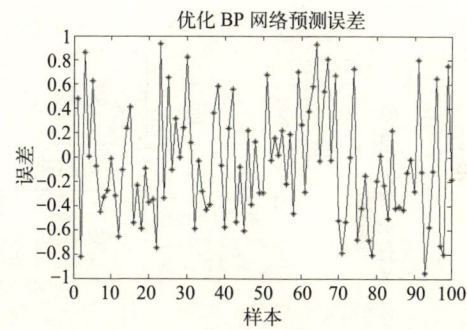

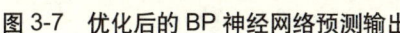

图 3-7 优化后的 BP 神经网络预测输出　　图 3-8 优化后的 BP 神经网络预测误差

(2) 结果分析

对比优化前后的模型输出结果可知，优化前的 BP 神经网络预测误差较大，预测误差在 [-1.5，2.5]，且奇异值较多，优化后的 BP 神经网络预测误差较小，都处在 [-1，1] 之间。可以看到，经过遗传算法优化计算后进行的自变量降维对提高模型的精度有一定的作用，因此在下文进行决策模型构建时将使用筛选后的变量作为决策模型的输入变量。

(3) 筛选出的关键变量分析

模型输出的变量代号为【1 2 4 7 8 10 17 19 20 21 22 24 27】，共 13 个变量，相比原始变量减少了一半，降低了变量间的相关性，提高了模型预测的精度。这些变量对应的含义分别为员工之间相互熟悉、员工经常对问题交换意见和想法、员工为本企业发展目标实现而努力、员工之间相互信任、员工之间相互帮助、在工作时保持较高的警惕性、正确处理工作中的压力、以最佳的状态投入工作、企业已经形成了完善的安全培训制度、危险事故防范宣传工作到位、有完善安全事故预防措施、安检人员定期进行安全检查、安全操作规范健全。以最初建立的影响因素体系为基础，筛选出的关键变量分类情况如表 3-2 所示。

关键变量的分类情况　　　　　表 3-2

决策变量	一级指标	二级指标	三级指标
员工安全行为	社会资本	结构维度	员工之间相互熟悉
			员工之间经常交流问题和意见
		认知维度	员工为本企业发展目标而努力
		关系维度	与其他员工之间相互信任
			与其他员工相互帮助
	安全认知	安全意识	工作中保持高度的警惕性
		安全态度	正确对待工作中的压力
			以最佳的状态投入工作
	组织管理	制度管理	具有完善的安全培训制度
			危险事故防范的宣传到位
			有完善的事故预防措施
		现场管理	安检人员定期进行安全检查
			具有健全的安全操作规范

由表 3-2 可知，社会资本结构维度中删除了员工经常聚餐等变量，其原因是此变量表现出的情况与员工之间相互熟悉或员工经常交流问题相关性较大，员工经常聚餐在一定程度上展现了员工之间相互熟悉的情况，与

员工间相互熟悉等题项重复，故删除该变量不影响结构维度的完整性。认知维度删除了员工自豪感和对工作重点一致性认识的变量，而留下了共同愿景这一变量，员工为本企业发展目标而努力，一般意义上说明了员工与企业在安全生产目标上具有一致的意见，而员工自豪感和对工作重点一致性认识并没有体现出与安全行为太大的相关性。关系维度删除了与领导之间相互信任的变量，一方面原因可能与领导之间相互信任的变量并没有被大多数员工意识到，而是与管理层存在的单纯的领导与被领导的关系，另一方面原因是员工与领导之间相互信任在某种程度上是共同愿景的一个表现。只有员工信任领导的行为，才会为本企业发展目标作出努力，其与认知维度在深层含义上具有一定的相关性。安全认知层面留下了安全意识和安全态度的相关变量，而删除了安全知识变量，但这并不代表安全知识对员工安全行为不重要，而是在此安全行为影响变量体系中存在某些变量与安全知识变量相关性比较大，如组织管理层次安全培训制度的完善，在一定程度上预示着员工安全知识的丰富。而安全意识和安全态度则是员工自身层面的因素，与管理层次相关但又独立于管理层次，在进行安全行为决策时应引起重视，员工在工作中保持高度的警惕性和以最佳的状态投入工作是其在工作中及时发现并消除危险的必要条件。最后在组织管理层面，筛选出的关键变量多是事故预防与风险规避方面，如风险宣传到位、事故预防措施、安全规范完善等都被认为是安全行为的关键影响因素。

基于遗传算法的自变量降维在一定程度上表明了影响员工安全行为的关键因素，而剔除了自相关性或与安全行为不太相关的变量，筛选出的关键因素与安全行为更深层次的影响关系将在下文作进一步的研究。

3.3 基于支持向量机的安全行为决策模型构建

3.3.1 支持向量机概述

（1）支持向量机的基本原理

支持向量机（Support Vector Machine, SVM）是 20 世纪 90 年代由 Vapnik

教授首次提出的，它是从线性可分情况下的最优分类超平面发展而来，其本质是从训练样本中找出构造最优分类超平面的支持向量，在数学上归结为一个求解具有不等式约束条件的二次规则问题。支持向量机理论建立在结构风险最小化原则（Structual Risk Minmization，SRM）的基础上，深入分析经验风险与期望风险的关系，得出如式（3-4）所示的函数表达式：

$$R(f) \leqslant R_{\text{rem}}(f) + \sqrt{\frac{h(\ln\frac{2l}{h}+1) - \ln\frac{\eta}{4}}{l}} \tag{3-4}$$

其中，不等式以 $1-\eta$ 的概率成立，$R(f)$ 为期望风险，$R_{\text{rem}}(f)$ 为经验风险，l 为样本数目，η 为 0～1 之间的参数，h 是函数 f 的维数。支持向量机的主要思想就是尽可能地对模型进行参数估计和优化，使经验风险 $R_{\text{rem}}(f)$ 最小，同时尽可能选取低维的函数，使 h 最小，通过这两个步骤降低期望风险的值。

支持向量机是一种基于小样本情况的统计机器学习理论，且不需要假设样本的分布情况，克服了传统统计方法样本数目随维数增长而指数增长的局限性，因此其也能够处理大规模多变量的高维数据，主要用于模式分类和非线性回归。此外，支持向量机还有通用性强、鲁棒性强的优点，它被证实是在解决实际问题中总是最好的方法之一，并且计算简单。构造支持向量机的关键是明确支持向量和输入空间抽取向量之间内积核的概念，其体系结构如图 3-9 所示。

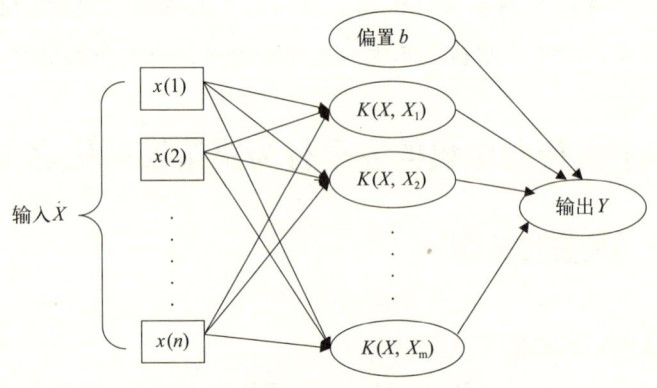

图 3-9　支持向量机的体系结构

第3章 建筑施工企业员工安全行为影响因素及决策模型

支持向量机采用一个非线性变换把输入数据映射到一个高维的特征空间,在高维的特征空间中进行线性分类,然后再映射回原空间形成非线性分类,根据该原理核函数这个重要的概念诞生了,图3-9中的K即为核函数。由于输入空间的核函数实际上是特征空间内积的等价,所以核方法的优势在于实际计算中不必关心非线性映射函数的具体形式,只需要选定核函数就行。核函数比较简单而映射函数比较复杂,因此引入核函数可以起到有效降维简化的目的。核函数的常见类型主要有:线性核函数$K(x, x_i) = x^T x_i$、多项式核函数$K(x, x_i) = (\gamma x^T x_i + r)^p$、径向基核函数$K(x, x_i) = \exp(-\gamma \|x - x_i\|^2)$和两层感知器核函数$K(x, x_i) = \tanh(\gamma x^T x_i + r)$等。

(2) 支持向量机的分类

① 线性分类

线性可分是指很容易用一条直线清晰地将两类样本分开,如图3-10所示。

设有两个线性可分的数据集$\{x_i, x_j\}$,$x_i \in R$,$x_j \in \{-1, 1\}$,线性判别函数的一般形式是$f(x) = \omega \cdot x + b$,对应的分类面方程为:

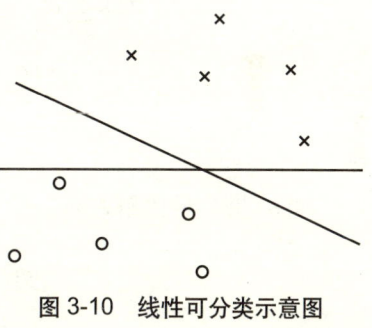

图3-10 线性可分类示意图

$$\omega \cdot x + b = 0 \tag{3-5}$$

将判别函数归一化,使两类所有样本满足$|f(x)| \geq 1$,此时离分离面最近的样本是$f(x) = 1$,要求分类面所有的样本都能正确分类,即满足:

$$y_i [\omega \cdot x + b] - 1 \geq 0 \tag{3-6}$$

这时分类间隔为$\dfrac{2}{\|\omega\|}$,间隔最大就是$\|\omega\|^2$最小。此时最优分类面就是满足式(3-6),并且使得分类间隔最小。通过上面的理论分析,可以用约束优化问题来求解最优分类面,即:

$$\varphi(\omega) = \frac{1}{2} \|\omega\|^2 \tag{3-7}$$

定义拉格朗日函数:

$$L(\omega, b, \alpha) = \frac{1}{2} \|\omega\|^2 - \sum_{i=1}^{n} \alpha_i \left[y_i (\omega \cdot x + b) - 1 \right] \tag{3-8}$$

式中的 $\alpha \geq 0$ 为拉格朗日乘子，下面分别对 ω, b, a 求偏微分，且令它们等于 0，得到：

$$\begin{cases} \dfrac{\partial L}{\partial \omega} = 0 \Rightarrow \omega = \sum_{i=1}^{n} \alpha_i y_i x_i \\ \dfrac{\partial L}{\partial b} = 0 \Rightarrow \sum_{i=1}^{n} \alpha_i y_i = 0 \\ \dfrac{\partial L}{\partial \alpha} = 0 \Rightarrow \alpha_i \left[y_i (\omega \cdot x_i + b) - 1 \right] = 0 \end{cases} \quad (3\text{-}9)$$

从约束条件中可以看出，它们都是线性函数，可以用凸二次固化最优对偶问题求解方法得到最优分类面：

$$\begin{cases} \max \sum_{i=1}^{n} \alpha_i - \dfrac{1}{2} \sum_{i=1}^{n} \sum_{j=1}^{n} \alpha_i \alpha_j y_i y_j (x_i \cdot x_j) \\ s.t. \alpha_i \geq 0, i = 1, 2, \cdots, n \\ \sum_{i=1}^{n} \alpha_i y_i = 0 \end{cases} \quad (3\text{-}10)$$

如 α^* 果为最优解，有：

$$\omega^* = \sum_{i=1}^{n} \alpha_i^* y_i x_i \quad (3\text{-}11)$$

α_i^* 不为零的样本就是支持向量。然后用支持向量机的线性组合构造出最优分类面的权重。b^* 是分类阈值，可由约束条件 $\alpha_i[y_i(\omega \cdot x_i+b)-1]=0$ 得出。

根据上述过程可以得到最优分类函数：

$$f(\omega) = \mathrm{sgn}\{(\omega \cdot x) + b\} = \mathrm{sgn}\left\{ \sum_{i=1}^{n} \alpha_i^* y_i (x_i \cdot x) + b^* \right\} \quad (3\text{-}12)$$

这就是支持向量机的一般表述。

②非线性分类

对于大部分对象的分类识别问题，对象本身的样本数据很难直观地进行分类，即使是应用基于线性条件的最优超平面，我们依然很难对其进行分类。但是，这些样本数据即使不能用线性超平面进行分离，但也是几乎线性可分的，也就是说在线性最优超平面上，只有可数个样本被错分。在这种情况下，我们可以通过非线性可分来实现样本数据的分离。引入松弛

变量 $\xi_i \geq 0$，使超平面 $\omega^T x + b = 0$ 满足：

$$\omega^T x_i + b \geq 1 - \xi_i \quad 当 y_i = +1$$
$$\omega^T x_i + b \geq -1 + \xi_i \quad 当 y_i = -1 \tag{3-13}$$

当 $\xi_i \geq 1$ 时，样本 x_i 可能被错分，所以 $\sum_{i=1}^{n} \xi_i$ 是被错分样本数的一个上界。如图 3-11 所示，图中两条虚线的方程为 $\omega^T x + b = \pm 1$，中间的实线就是分界线 $\omega^T x + b = 0$。虽然每类有两个点落在两条虚线之间，但它们没有越过分界线，即满足 $0 < \omega^T x + b < 1$ 或 $-1 < \omega^T x + b < 0$，因而相应的 $0 < \xi_i < 1$，此时这几个样本仍被正确分类。而只有越过分界线的四个样本点（含黑点）被错分，此时，它们相应的 $\xi_i > 1$。

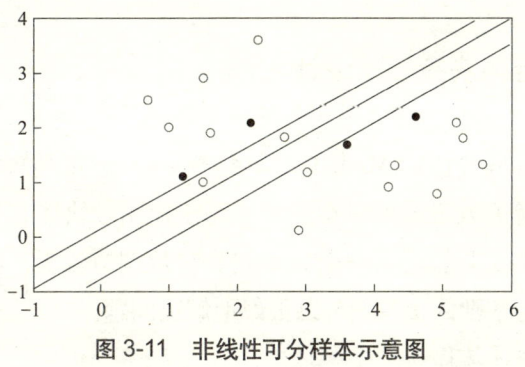

图 3-11 非线性可分样本示意图

引入目标函数

$$\psi(\omega, \xi) = \frac{1}{2} \omega^T \omega + C \sum_{i=1}^{n} \xi_i \tag{3-14}$$

其中，C 为常数，我们将其定义为惩罚因子。直观地说，如果 C 的数值越大，则表示对于错分的惩罚越大。在这种情况下，支持向量机的求解使用以下二次规划来实现：

$$\begin{cases} \min \psi(\omega, \xi) \\ s.t. \\ \sum_{i=1}^{N} a_i y_i \\ 0 \leq a_i \leq C, i = 1, K, N \end{cases} \tag{3-15}$$

与线性情形类似，可以把式（3-15）转化为它的对偶规划表达式：

$$\begin{cases} \max \sum_{i=1}^{N} a_i - \frac{1}{2} \sum_{i=1}^{N} \sum_{j=1}^{N} a_i a_j y_i y_j x_i^T x_j \\ s.t. \\ 0 \leq a_i \leq C, i = 1, K, N \\ \sum_{i=1}^{N} a_i y_i = 0 \end{cases} \quad (3\text{-}16)$$

可以看出，支持向量机所求得的分类函数在形式上与神经网络类似，它的最终输出可以看作是若干中间节点的线性组合，而对应的每一个中间节点都表示为一个输入向量与其对应支持向量的内积，所以以上结构也被称作支持向量网络。

3.3.2 安全行为决策模型设计

本部分内容同样使用 Matlab2012a 结合 Libsvm 工具箱实现，libsvm 是由林智仁教授等开发设计的一个简单、易于使用且快速有效的支持向量机建立的软件。该工具箱还有一个特点就是参数调节较少，提供了很多的默认参数，使用这些默认参数就可以很好地解决问题。

（1）模型整体流程

根据支持向量机算法的理论和构建思想，设计员工安全行为决策的支持向量机算法流程如图 3-12 所示。利用此算法进行关键影响因素与员工安全行为的回归拟合，自变量为上文筛选出的关键变量，因变量为员工安全行为。

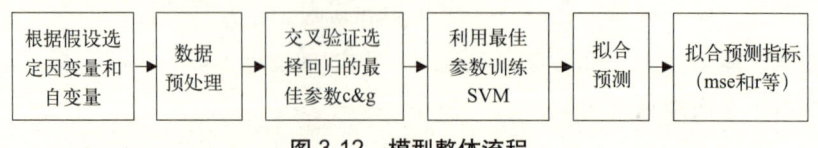

图 3-12　模型整体流程

（2）变量的选取与数据预处理

根据模型假设，选取前 216 个样本的关键影响因素数据作为自变量，员工安全行为数据作为因变量进行训练，对应选取 217～316 个样本的关键影响因素数据作为预测数据。数据预处理采用 Matlab 自带的归一化函数 mapminmax 进行处理，归一化映射如式 (3-17) 所示：

$$f: x \to y = \frac{x - x_{\min}}{x_{\max} - x_{\min}} \tag{3-17}$$

其中，$x, y \in R^n$，$x_{\min}$ 为变量的最小值，$x_{\max}$ 为变量的最大值，归一化后的效果是将所有变量的取值规整到 [0，1] 区间内，因此也称为 [0，1] 区间归一化。

(3) 参数的选择

利用 SVM 进行回归与进行分类一样，需要调节相关参数如惩罚参数 c 和核函数参数 g 的取值才能取得比较理想的预测结果。目前关于 SVM 参数优化选取并没有公认的比较好的方法，常用的方法是采用交叉验证的思想得到最优的参数，即首先让 c 和 g 在一定的范围内取值，然后利用交叉验证思想将原始数据分为 K 组，选取 1 个子集作为验证集，其余 $K-1$ 组作为训练集，这样将会得到 K 个模型。利用 K 个模型得到的验证集的分类准确率的平均数作为最终分类准确率，使得分类准确率最高的那组 c 和 g 即为最佳的参数。交叉验证的思想有助于避免过学习或欠学习状态的发生，且有学者通过实例验证得出利用交叉验证得出最佳的参数比随机选取参数训练 SVM 得到的模型更为有效。SVM 分类预测中选取最优参数利用的函数为 SVMcgForClass.m，对于回归问题采用函数 SVMcgForRegress.m 实现，函数接口为：

[mse, bestc, bestg]= …

SVMcgForRegress (train_label, train, cmin, cmax, gmin, gmax, v, cstep, gstep, msestep)

其中等式右边为输入：

train_label：训练集标签即待回归的变量，需要与 libsvm 工具箱的要求一致。

train：训练集即自变量，需要与 libsvm 工具箱的要求一致。

cmin：惩罚参数 c 的最小值（取以 2 为底的幂指数后），即 c_min=2^(cmin)，默认值 −5；

cmax：惩罚参数 c 的最大值（取以 2 为底的幂指数后），即 c_max=2^(cmax)，默认值为 5；

gmin：核函数参数 g 的最小值（取以 2 为底的幂指数后），即 g_min=2^gmin，默认值为 -5；

gmax：核函数参数 g 的最大值（取以 2 为底的幂指数后），即 g_max=2^gmin，默认值为 5；

v：交叉验证（Cross Validation）的参数，默认为 5，即交叉验证分 5 部分进行；

cstep：参数 c 步进的大小，默认值为 1；

gstep：参数 g 步进的大小，默认值为 1；

msestep：最后显示 MSE 图时的步进大小，默认值为 0.1。

等式左边为输出：

mse：交叉验证（Cross Validation）过程中的最低均方误差；

bestc：最佳的参数 c；

bestg：最佳的参数 g。

根据上文所述，利用 SVMcgForRegress.m 寻找回归的最佳参数，其中由于交叉验证参数 v 的变化会对最优参数 c 和 g 选择以及最低均方误差产生较大影响，所以在进行参数寻找时首先根据交叉验证参数的大小进行了对比，结果如表 3-3 所示。

交叉验证参数对比分析　　　　　　　　　　　　　　表 3-3

交叉验证参数值 v	最佳参数 c	最佳参数 g	最低均方误差 CV_{mse}	相关系数
3	4	0.18	0.00974	92.7%
4	5.66	0.18	0.00926	88.4%
5	5.66	0.18	0.00887	88.4%
6	5.66	0.18	0.00898	88.4%

由表 3-3 可知，当交叉验证参数为 5 时，最低均方误差 CV_{mse} 最小，此时模型拟合的相关系数为 88.4%，模型能够达到较好的拟合，虽然在交叉验证参数为 3 时模型的相关系数能够达到 92.7%，但由于其最低均方误差较大，所以本章选择交叉验证参数 5 进行模型仿真。下面以交叉验证参数

为 5 时为例进行最佳参数的寻找：首先进行粗略的寻找，然后根据粗略选择的结果进行精细寻找，两次选择结果的等高线图和 3D 视图分别如图 3-13 和图 3-14 所示。

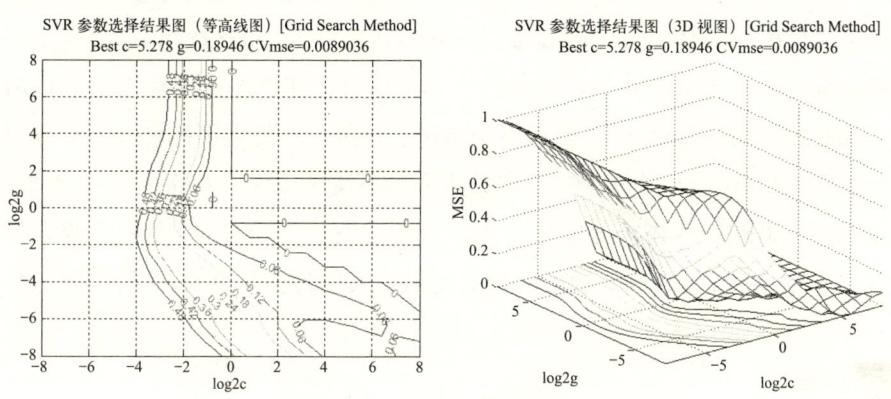

图 3-13　粗略选择结果

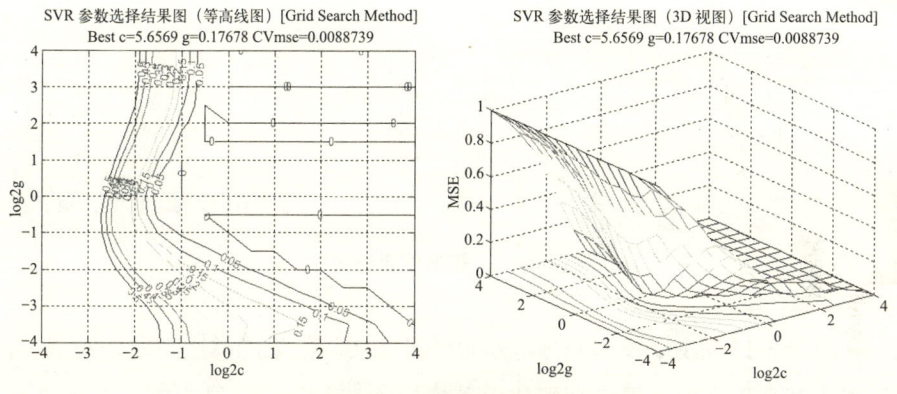

图 3-14　精细选择结果

最佳参数的选择结果如表 3-4 所示。

最佳参数的选择结果　　　　表 3-4

选择方式	最佳参数 c	最佳参数 g	CV_{mse}
粗略选择	5.278	0.18946	0.0089036
精细选择	5.6569	0.17678	0.0088739

3.3.3 仿真结果分析

在确定最佳参数后进行仿真分析前还需要确定模型所需的核函数，如上文所述，目前常用的核函数有线性核函数、多项式核函数、径向基核函数和两层感知器核函数，经验证径向基核函数在解决非线性问题时精度较好，所以本章选取径向基核函数作为训练函数。在选定核函数之后，利用 Matlab 软件中的 Livsvm 工具箱对数据进行训练，并得到训练模型，然后随机选择 100 个样本进行预测，结果表明预测精度为 0.00887，符合模型要求。安全行为影响因素与员工安全行为拟合相关系数为 88.4%，说明自变量与因变量的相关程度较高。模型的预测输出结果和误差图如图 3-15 所示。

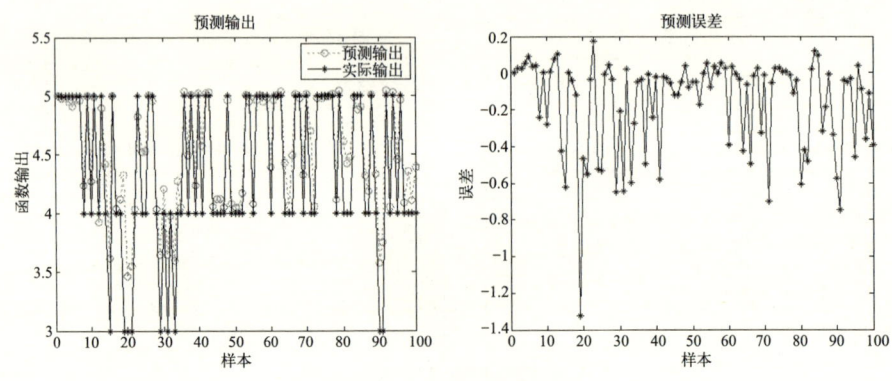

图 3-15 模型仿真结果

由图 3-15 可知，模型的预测输出结果和实际结果能够达到较好的拟合，出现了某个异常值，但模型整体误差均控制在 [-0.8, 0.2] 之间，与上文利用 BP 神经网络进行预测分析相比，精度有了明显提高。仿真结果表明，基于 SVM 的安全行为决策模型的构建具有一定的有效性。

为了直观表示 SVM 在预测员工安全行为方面的作用，随机选取 10 个工程项目样本数据，利用上文训练的 SVM 模型进行仿真分析，比较仿真输出结果与实际结果的对比分析，如表 3-5 所示。可以看到，10 个项目的平均误差为 0.0097，有 8 个项目的误差小于 0.01，说明 SVM 模型可以较好地预测员工安全行为水平，仿真模型和结果为企业衡量员工安全水平、寻找提高员工安全行为的路径提供了理论支持。

样本输出误差 表 3-5

样本项目	期望输出	预测误差	仿真输出
中国移动数据中心项目	3.333	3.338	0.005
戴河首府	3.667	3.672	0.005
内蒙古工业大学新城校区	4.250	4.248	−0.002
衡水隆阳文化中心	3.333	3.340	0.01
卓达科技一期厂房	4.333	4.332	−0.001
龙光世纪	4.333	4.384	0.051
凤凰新城医院病房项目	4.000	4.000	0.00
河北大学图书馆	3.805	3.801	−0.004
恒大金碧天下	3.857	3.859	0.002
鹿鸣小区	3.867	3.85	0.017
误差均值	—	—	0.0097

3.3.4 员工安全行为影响因素程度分析

（1）方法概述

Dombi 等人在研究神经网络权重时提出 MIV（Mean Impact Value）值是衡量变量相关的最好指标之一，本章在研究安全行为影响因素与员工安全行为相关性的同时，为进一步探究各关键要素对安全行为的影响程度，利用支持向量机结合 MIV 算法进行各因素的影响程度分析。

MIV 首先应用在神经网络中，用来评价神经网络中权重矩阵的变化情况，在本章中 MIV 作为评价各因素对安全行为影响的程度大小指标，即评价输入神经元对输出神经元的影响大小的一个指标。其绝对值代表某自变量对因变量的影响的相对重要性，符号代表两者之间的相关方向。具体计算过程为：在网络训练终止后，将训练样本 S 中每一自变量特征在其原值的基础上分别增加和减少 10% 从而形成两个新样本 S_1 和 S_2；将样本 S_1 和

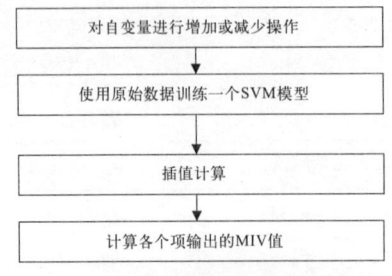

图 3-16 基于 BP 和 SVM 的变量影响程度分析流程图

S_2 作为新的样本对已训练好的网络进行仿真，得到两个仿真结果 A_1 和 A_2；计算 A_1 和 A_2 的差值，就是变动该自变量之后对因变量的影响变化值，最后根据观测例数计算影响变化值的平均数作为网络输出，即为平均影响变化值（MIV）。按照以上步骤依次计算各自变量的 MIV 值，根据其绝对值大小进行排序，最终得到影响因素的相对重要性的排序，从而为结果分析提供一定的理论基础。基于 SVM 的变量影响程度分析流程如图 3-16 所示。

（2）基于 BP 和 SVM 的变量影响程度分析

根据以上分析思路构建基于 13 个关键影响因素的 SVM 和 BP 神经网络模型，以 316 个样本进行训练，其中 BP 神经网络的拓扑结构如图 3-17 所示。该结构为包含 13 个输入变量、27 个隐含层节点数和 1 个输入层变量的模型，模型在迭代 1014 次时达到精度要求，为 0.009957。

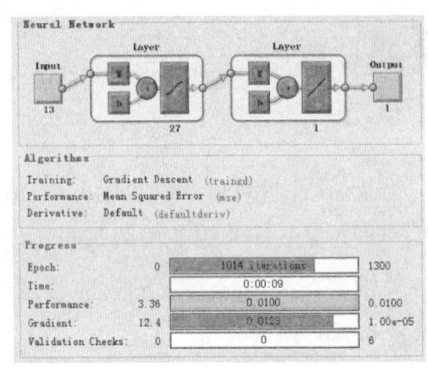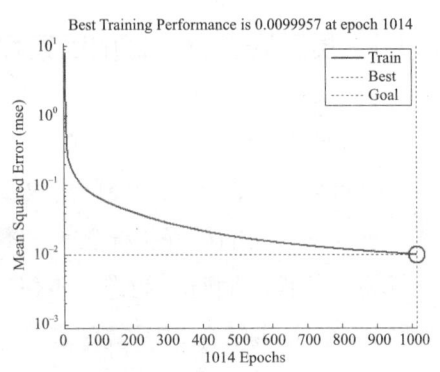

图 3-17 BP 神经网络训练结果

对于基于 SVM 的 MIV 值计算，引用上述建立 SVM 预测模型时的结论，设立交叉验证系数为 5，经过粗略寻找和精细寻找后的最佳参数为 c=48.50，g=0.0039，最低均方误差 MSE=0.0067，两个模型输出的各因素归一化后的 MIV 值如表 3-6 和表 3-7 所示。

第3章 建筑施工企业员工安全行为影响因素及决策模型

BP 神经网络输出的 MIV 值及排序   表 3-6

影响因素	MIV 值	排序	影响因素	MIV 值	排序
员工之间相互熟悉	0.048	9	以最佳的状态投入工作	0.055	8
员工之间经常交流问题和意见	0.060	7	具有完善的安全培训制度	0.196	1
员工为本企业发展目标而努力	0.013	13	危险事故防范的宣传到位	0.038	10
与其他员工之间相互信任	0.096	5	有完善的事故预防措施	0.098	4
与其他员工相互帮助	0.016	12	安检人员定期进行安全检查	0.124	3
工作中保持高度的警惕性	0.077	6	具有健全的安全操作规范	0.143	2
正确对待工作中的压力	0.024	11	—	—	—

SVM 输出的 MIV 值及排序   表 3-7

影响因素	MIV 值	排序	影响因素	MIV 值	排序
员工之间相互熟悉	0.030	11	以最佳的状态投入工作	0.066	5
员工之间经常交流问题和意见	0.056	6	具有完善的安全培训制度	0.053	7
员工为本企业发展目标而努力	0.044	10	危险事故防范的宣传到位	0.044	9
与其他员工之间相互信任	0.314	1	有完善的事故预防措施	0.104	3
与其他员工相互帮助	0.030	12	安检人员定期进行安全检查	0.047	8
工作中保持高度的警惕性	0.072	4	具有健全的安全操作规范	0.119	2
正确对待工作中的压力	0.021	13	—	—	—

根据表 3-6 和表 3-7 的对比分析得出各影响因素排序结果,如表 3-8 所示。

基于 BP 和 SVM 的 MIV 值对比分析   表 3-8

排序	BP+MIV	SVM+MIV
1	具有完善的安全培训制度	与其他员工之间相互信任
2	具有健全的安全操作规范	具有健全的安全操作规范
3	安检人员定期进行安全检查	有完善的事故预防措施
4	有完善的事故预防措施	工作中保持高度的警惕性
5	与其他员工之间相互信任	以最佳的状态投入工作

续表

排序	BP+MIV	SVM+MIV
6	工作中保持高度的警惕性	员工之间经常交流问题和意见
7	员工之间经常交流问题和意见	具有完善的安全培训制度
8	以最佳的状态投入工作	安检人员定期进行安全检查
9	员工之间相互熟悉	危险事故防范的宣传到位
10	危险事故防范的宣传到位	员工为本企业发展目标而努力
11	正确对待工作中的压力	员工之间相互熟悉
12	与其他员工相互帮助	与其他员工相互帮助
13	员工为本企业发展目标而努力	正确对待工作中的压力

由表 3-8 可知，基于 BP 神经网络和 SVM 两种方法计算出的 MIV 值输出结果由小到大排序不太相同，说明运用分析方法的不同得出的结果具有一定的差异性，排序结果只是说明因素之间的相对重要性，排序靠后的并不代表其对员工安全行为决策不重要。在员工安全行为影响程度分析时选用的 13 个影响因素均是上文筛选出的关键影响因素，因此并不能根据本节重要性排序忽视排序靠后的变量，而只是对施工企业在考虑影响因素方面提供一定的参考依据。

可以看到，两种方法计算出的结果虽有一定的差异，但也有一定的规律可循，如两种方法得到的排序在前 5 位的影响因素中，有三个是相同的，分别是与其他员工相互信任、具有健全的安全操作规范和有完善的事故预防措施。员工之间相互信任对于在施工过程中各项工作顺利地进行奠定了基础，只有相互之间信任对方的言语、行为，才会更有效地避免不安全行为。健全的安全操作规范用于指导员工针对各项工作如何安全有效进行，是引导员工进行安全行为的直接手段。完善的事故预防措施如配备安全帽和设备防护装置等对员工形成安全行为习惯具有促进作用。此外，企业具有完善的安全培训制度和员工具有高度的警惕性等都对员工安全行为决策具有相对重要的作用，而相互熟悉、共同愿景等指标对于员工安全行为形成相对次要，但也不能忽视其应有的作用。

3.4 管理启示

根据本章研究结果和相关理论，针对如何促进建筑施工企业员工安全行为，避免出现不安全行为提出以下建议：

第一，安全监管部门应针对员工建立建筑行业安全问题交流沟通机制，提高员工安全认知。研究结果表明，项目内员工之间相互熟悉或有着畅通的交流沟通有助于减少不安全行为的产生，员工之间经常就安全问题包括潜在的安全隐患和已发生的安全事故进行交流，能够提高员工的安全认知，也在一定程度上提高了其在安全层面的社会资本。而大部分员工处于社会基层，往往没有能力搜集各种安全信息，而安全监管部门应发挥其能动作用，鼓励以企业为单位定期组织员工之间进行安全经验交流的沟通机制，就安全问题相互交流学习。

第二，施工企业应加强安全事故的预防管理，引导员工安全行为。施工企业的安全事故预防计划、安全操作规范以及安全风险宣传等工作的到位与否对员工安全行为有着重要的引导作用，施工企业应将安全预防工作作为企业的一种文化，使员工得到普遍认同并共同遵守，以预防事故发生为重点，引导员工在工作中保持较高的警惕性，尽量减少不安全行为的产生。

第三，员工自身应努力提高自身的社会资本、安全认知等，自觉减少不安全行为的倾向。施工企业员工在行为做出方面具有强烈的能动性，虽然安全管理能够在一定程度上对员工起到约束的作用，但由于其不良习惯或者安全意识、安全知识的缺乏而自觉不自觉地做出了不安全行为。因此，从根本上杜绝不安全行为的产生还应从员工自身入手，员工应主动提高自身社会资本，加强与他人之间就安全问题的交流，努力培养自身的安全知识，从而提高安全认知，尽量避免不安全行为的产生，并且即使发生安全事故也能够及时做出处置，减少对自身的损害。

第 4 章

施工企业内社会资本、组织学习与安全绩效的关系

---

① 支撑论文：李书全，宋孟孟，周远. 施工企业内社会资本、情绪智力与安全绩效关系研究 [J]. 中国安全生产科学技术，2014, 10 (9)：67-71.

建筑施工活动的复杂性、分散性以及人员的流动性导致传统强调安全管理和安全遵守的方法在降低事故率方面并未起到很好的作用，其中主要原因是缺乏员工的互动参与和组织学习。知识经济时代，知识对于企业来说是非常重要的资源，对提高安全绩效无疑有着积极的影响。施工企业内部网络成员之间如何通过交流互动以及相互信任、共享愿景等方式建立长期稳定的企业内社会资本，提升组织学习的整体水平，进而提高安全绩效是施工企业亟待解决的问题。本章通过以组织学习作为中介变量，以社会资本理论为基础，关注施工企业内部各主体社会关系及其网络结构对其组织学习和安全绩效的影响机理，研究结果为提高施工企业组织学习能力和提升安全绩效提供指导。

4.1 理论基础

4.1.1 企业内社会资本的含义

20世纪70年代，经济学家Loury在其研究中率先指出社会资本是存在于社区组织与个体家庭关系中的一种资源，但并没有具体地阐述该理论[152]。法国学者Bourdieu率先在其研究中对这一概念进行系统阐述，明确指出社会资本存在于人们公认或默认的关系网络中，能为网络成员带来资源或利益[22]。继Bourdieu之后，社会资本理论逐渐引起了学者们的重视，早期将研究视角主要放在存在于个人关系网络中的资本，即个人层面。随着研究的深入，企业层面的社会资本也渐渐开始受到各界的关注。美国Ronald Burt教授首先对企业的社会资本展开研究，随后学者们将其与企业管理结合起来进行研究，产生了许多有价值的研究成果。冯立波在其研究中根据组织边界理论和社会网络理论，将企业所在的关系网络划分为内部和外部两部分[153]。陈建勒等研究结果显示，企业内部社会资本所蕴含的可被利用的潜在资源，有助于企业内部不同组织、个人之间沟通的顺利进行，有助于企业形成团结一致、互相信任、互帮互助的良好工作氛围[154]。企业内部同一组织内或跨组织成员之间形成的网络关系为企业内部关系网络；企业

第4章 施工企业内社会资本、组织学习与安全绩效的关系 ※

与社会公共组织、横向企业、纵向企业等形成的关系网络被称为企业外部关系网络。这一划分方式得到了许多学者的认同和引用,如张方华在前人的研究成果的基础上结合我国的实际情况,将企业的社会资本划分为两种:企业内社会资本和企业外社会资本[155]。企业内社会资本是存在于施工企业内项目部之间、部门之间、个人与个人之间的网络关系,通过相互信任和一定的行为规范,促进资源的流动,进而促进网络关系成员目标和期望的实现。企业内社会资本是一个非常复杂的系统,是企业与内部成员在追求各自利益与集体利益最大化的过程中进行反复博弈所最终形成的网络结构。这种网络结构关系到了企业内的所有相关成员及其活动。

企业内社会资本是企业成员通过相互信任和一定的行为规范而凝聚在一起,促进资源的流动,保证沟通和交流的顺畅,获得蕴含在这种关系网络中的有效资源。目前,依据不同的研究视角和理论,有关企业社会资本维度的划分也存在一些不同的观点。Gabby 在其研究中仅将社会资本划分为了结构维度和关系维度两个维度[156]。针对我国国情,国内学者根据研究主体的不同进一步延展了社会资本的测量方式,如边燕杰和丘海雄将存在于企业内部关系网络中的社会资本从三方面进行了阐述:员工之间的联系、按照职能划分方式所形成的上下级之间的联系、与企业外部人员的联系[157]。Nahapiet 和 Ghoshal 两位学者所提出的划分方式是目前最著名的也是被其他研究引用较多的观点,即关系、认知和结构三个网络关系维度,他们还运用实证分析的方式详细剖析了企业内社会资本通过哪些途径和方式积极影响企业竞争优势[25]。

本章的研究对象为存在于施工企业内部的社会网络关系中的资本,采用 Nahapiet 和 Ghoshal 的观点将其分为关系、认知和结构三个网络关系维度。关系维度指网络成员的信任、遵守规范的程度,主要包括信任、规范等;认知维度则是指施工企业内部网络成员之间因为语言和代码相同,并拥有共同的集体目标而凝聚在一起,包括共同语言、共享愿景;结构维度指在施工企业网络关系中,个人与个人之间或不同组织间通过互动往来互相交流信息所采取的方式和途径,体现了信息沟通的数量和质量,包括网络的规模、稳定性、密度。

4.1.2 组织学习理论

早在工业化时期，以 Taylor 和 Fayol 为代表的管理学家们就注意到了组织学习，他们要求收集、总结、归纳出工人通过长期的工作实践总结出的经验、教训、技巧，并将可以科学系统化的部分推广出去[158]。虽然组织学习这一理论当时没有被明确提出来，但是他们提出的这一管理方法为今后组织学习理论的产生、发展奠定了良好基础。20 世纪中期，组织学习的概念首次由 March 和 Simon 提出，指出组织学习是在环境不确定情况下，当组织察觉到风险时改变原来的计划重新进行决策的行为[159]。之后，很多学者对组织学习进行了研究，Levitt 等对组织学习进行研究后指出组织学习是组织受到挫折后，经过总结经验教训形成自己的一套方法，并将其应用到今后的实践中[160]。我国学者朱伟民和万迪认为企业应关注外部变化，并通过学习修正行为目标和规范。所以，组织学习是企业通过学习应对变化并及时采取相应措施的过程[161]。综上所述，组织学习是组织中个体通过个人化的学习和实践活动将积累下的经验、知识、技能以共享的方式推广给组织中其他成员，从而使个体知识变为组织知识的过程。它是整个组织而不是简单的个人学习，这个过程不仅包括知识的摄取阶段，还包括行为和规范的改进过程，最终目的是提高绩效。

组织学习不是一蹴而就的而是一个连续的过程。Nevis 等学者在研究组织学习时，认为组织学习包括以下三阶段：首先是知识的取得阶段；然后是知识的共享阶段；最后是知识的应用阶段，即组织将取得的新知识进行扩散并应用到实践中使之泛化并运用到不同的情境中[162]。Huber 将组织学习分为知识的获取、扩散、解释和记忆四个阶段，在前人研究基础上增加了记忆这一阶段，是将知识作为组织的资源储备起来[163]。近年来，组织学习的过程研究引起了我国学者的重视，并取得了一些有价值的研究成果，如清华大学的陈国权教授在总结前人研究的基础上，将"反馈"加入到了组织学习的过程当中，他将组织学习划分为探索、创造、运用、扩散、反馈五个过程。2005 年，陈国权教授及其研究团队在其研究基础上进行了改进，将原来的五阶段变为六阶段，包括探索、革新、选择、运用、传递、反馈，使模型更加科学合理[164]。

组织学习是组织中个体通过个人化的学习和实践活动将积累下的经验、知识、技能以共享的方式推广给组织中其他成员，从而使个体知识变为组织知识的过程。目前，依据不同的研究视角和理论，有关组织学习的测评方式也存在一些不同的观点。朱兵等将组织学习分为探索型与利用型学习两方面[165]，也有学者将组织学习划分为三个维度，如魏文斌和佘彩云在研究组织学习与企业竞争优势关系时将组织学习划分为知识积累、知识转换、知识创造三个维度，并进行了实证分析[166]。此外，郭爱芳和陈劲认为组织学习包括知识资源的识别、传播和综合运用三个方面[167]。Nevis等通过案例研究的方法总结出了组织学习的三维度模型，即知识获取、知识共享和知识创造[162]。此外，也有学者将组织学习划分为更多的维度，如我国学者张立新提出知识积累、转换、保护及运用的四维度模型。本章采用Nevis的划分方式，即将组织学习按学习的过程划分为知识获取、知识共享和知识创造。

4.1.3 企业内社会资本、组织学习与安全绩效的关系研究进展

(1) 社会资本与安全绩效的关系研究

根据相关文献的整理发现，以往学者对有关企业社会资本影响企业绩效的方式从研究内容上进行划分主要分为两部分：一是社会资本对绩效的直接影响；二是社会资本通过某个或几个中介变量间接影响绩效。

①社会资本对安全绩效的直接影响研究

社会资本对企业绩效有正向影响得到了很多研究的证实，但是以施工企业为研究对象，研究社会资本对施工企业安全绩效的研究较少。Luo等在其研究中通过研究社会资本、企业与顾客之间的关系是如何影响绩效的，以期找到影响企业绩效的重要因素。并以中国企业为调研对象进行实证分析。结果表明企业如果能够将社会资本理论与企业实际情况相结合用于指导企业实践，将大大提高企业绩效[168]。我国学者的一些研究结论也支持这一观点：朱至文在研究中指出企业社会资本不仅可以推进网络中知识和经验

的扩散速度，而且有助于减少自私行为，使网络成员凝聚在一起从而使个体的力量变为一股合力，增强抵御风险的能力，效益自然会提高得更快[169]；李书全和吴秀宇等结合社会资本理论、认知心理学理论和安全行为理论分析了施工企业员工安全行为的影响因素，实证结果显示，施工企业内员工的个人社会资本对其安全行为有显著正向影响[170]。

②社会资本通过中介因素对安全绩效的影响研究

Tsai 和 Ghoshal 分析大型跨国企业内社会资本与创新绩效的关系时，试图分析资源交换的中介效应。分析结果显示，企业社会资本的结构维度、关系维度通过影响企业内部资源交换，进而影响企业创新绩效[171]。我国一些学者也实证检验了在这一影响关系中的中介变量，例如张鹏介绍了社会资本与企业创新绩效的关系，并引入了组织学习作为中介变量，证明了企业合理利用所拥有的社会资本对高新技术企业的创新有显著正向关系，并验证了组织学习在这一关系中的中介作用[158]；李书全等以施工企业内部网络成员为调研对象，分析施工企业如何利用企业内部网络资源达到提高安全绩效的目的，并假设将员工的情绪智力作为中介变量展开研究，最终这一假设通过了检验[172]。

通过梳理已有相关研究发现，目前学术界还未完全明晰企业社会资本对安全绩效的影响路径和作用机制。企业社会资本对安全绩效这一影响关系中，中介因素主要与知识、学习、协调有关，本章对此进行深入研究。

(2) 社会资本与组织学习的关系研究

社会资本可以帮助企业拓宽获取知识的途径，获取更多的经验、技能，进而促进组织学习。企业内部社会资本使企业成员互相信任并形成一定的行为规范，通过有效的沟通和高效的信息传递，使知识的传播和扩散更加顺畅。NahaPiet 等认为社会资本可以促进组织中知识的交换和结合，提高组织学习能力[25]。谢慧娟等以中部地区 274 家物流服务企业为研究对象，深入分析了社会资本与动态能力的关系，并提出了将组织学习作为中介变量的假设。通过对实证结果进行深入分析得出：企业社会资本对组织学习有正向影响作用，进而影响企业的动态能力[173]。企业内部社会的重要因素员工的信任、共享愿景等，使员工为了集体的目标而不计较个人短期得失，积极地投入工作，这对企业的长期绩效非常重要。

(3) 组织学习与安全绩效的关系研究

知识经济时代，知识对于企业来说是非常重要的资源，对提高企业效益无疑有着积极的影响，国内外相关研究中，大都将企业知识学习与绩效之间的关系看成是积极正向关系。Atuahene 基于资源的视角，指出高新技术企业在研究新产品开发过程中，探索性地对市场信息进行挖掘和学习对于企业开发新产品并提高创新绩效非常重要[174]。邹国庆等研究了企业通过学习知识、技能进而提高企业绩效的方式和途径，并证实了知识创新在这一影响关系中的中介作用[175]。王铁男等在其研究中构建了组织学习、战略柔性与企业绩效三者之间关系的结构模型，分析结果显示，组织学习对企业绩效的提升起到关键性的作用[176]。

综上所述，已有研究表明企业内部存在的社会资本、组织学习与安全绩效之间确实存在关系，但是鲜有企业内社会资本、组织学习和安全绩效三者之间关系并给出实证结果的研究，特别是以建筑施工企业为研究对象展开的分析。但是已有相关研究有力地说明了三者之间确实存在密切关系，为本章研究奠定了较坚实的基础。

4.2 研究假设与研究设计

4.2.1 企业内社会资本、组织学习与安全绩效的理论假设

(1) 企业内社会资本与安全绩效的关系及研究假设

企业内部社会资本它有助于企业内部不同组织、个人之间沟通的顺利进行，有助于企业形成团结一致、互相信任、互帮互助的良好工作氛围，使集体目标变成员工个人工作目标，将相关人员的力量汇成一股合力，推动企业绩效的提升。很多研究已经证实了企业内社会资本可以显著影响企业绩效。林筠等的研究结果表明企业社会资本可以促进企业的技术创新能力的提升[177]。刘红丽等以在孵企业为研究对象，指出在孵企业社会资本有助于提高企业的创业绩效[178]。企业内部网络关系联系紧密，更有助于大家

向共同的目标努力,减少自私行为。员工之间互相监督、鼓励、督促,这对企业绩效有显著正向影响。企业内社会资本对绩效有积极作用,基本得到了学者们的一致认同,但是有关企业内社会资本与施工安全绩效关系的研究较少。Koh等指出了在施工安全管理中以往只强调安全规范的遵从并未很好地起到降低事故的作用,而社会资本强调组织的适应性和合作,强调将个人通过网络联结在一起,使其互相督促、共同进步。这样不仅会影响个体在安全工作中的表现,长期下去必会对安全绩效有积极作用[32]。

① 企业内社会资本结构维度与安全绩效的关系

韩子天等在其研究中试图研究结构和关系维度社会资本对绩效的影响,实证研究分析的结果显示企业内社会资本结构维度对企业绩效有显著正向影响[179]。Zahra等认为企业通过建立并利用强或弱的网络联结来获取信息,可以提高企业的环境应变能力进而提高企业竞争优势,提高安全绩效[180]。

② 企业内社会资本关系维度与安全绩效的关系

我国学者薛卫等在研究中指出,组建企业研发联盟的各成员企业由于各自拥有的技术、研发方式等并不具有普适性,而且互相并不信任也没有一定的行为规范约束,企业之间很难做到毫无障碍地交流和交换知识、技术,所以企业很难开展组织学习。然而,关系资本可以为企业间进行组织学习扫除障碍,从而提高研发联盟企业绩效[181]。建筑施工企业以项目为导向,导致合作伙伴总是在不断变化。然而,为了保证项目的顺利进行,企业必须寻求值得信任的企业进行合作,建立双方的信任和行为规范。项目合作双方基于对彼此的信任,可以通过沟通进行信息交换和分工,减少欺诈和隐瞒所带来的信息不对称问题,从而减少冲突提高项目绩效[182]。

③ 企业内社会资本认知维度与安全绩效的关系

企业关系网络中每一个独立个体都拥有自己的知识和通过长期实践积累下的经验,然而保证这些资源可以顺畅地在企业内部流动实现互换的首要条件是要有共同的语言和统一的代码。共同的语言和统一的代码是保证知识和经验可以进行交换和结合的条件。Nahapiet等认为只要彼此能够互相理解对方想要传达的意思时才算得上是沟通,使用相同的语言和代码的人们交流起来要比那些语言和代码不通的人顺畅得多。人们也更加倾向于

第4章　施工企业内社会资本、组织学习与安全绩效的关系

接近与自己沟通无障碍的人，因为彼此交流信息、传递知识的效率和效果要高得多。人们通过语言和代码来传递和交换信息。因此，共同的语言和代码可以保证人与人之间沟通顺畅，拉近彼此的距离。如果使用对方无法理解的语言和代码，就会使沟通无法顺利进行，使人们之间的距离拉大，无法进行有效的沟通、合作[25]。企业内社会资本还包括共享愿景，指网络成员拥有共同的奋斗目标。企业成员之间拥有合作性的目标，其工作士气和效率也会大大提升。反之，非合作性的目标就会导致人心涣散，矛盾重重，严重影响工作效率和企业绩效。有清晰、有效的合作目标对于网络成员之间的协作是非常重要的。

综上所述，企业内部社会资本它有助于企业内部不同组织、个人之间沟通的顺利进行，有助于企业形成团结一致、互相信任、互帮互助的良好工作氛围，将个人力量汇聚成一股合力，提高绩效。据此，本章提出如下假设：

H1：企业内部社会资本正向影响安全绩效。

H1a：结构维度正向影响安全绩效；

H1b：关系维度正向影响安全绩效；

H1c：认知维度正向影响安全绩效。

(2) 企业内社会资本与组织学习的关系及研究假设

知识经济时代，企业越来越意识到信息、知识的重要性，企业如何高效地进行学习已经成为学术界重点研究的内容。网络中的个体开展学习活动不能仅靠自身积累的知识经验，离不开网络中其他成员的互动、参与。然而目前有关组织学习的研究大都是针对组织学习的内涵以及开展组织学习的方式上，基于社会网络视角对组织学习展开的研究鲜有报道。实际上，社会资本为组织学习的顺利进行提供了动力和机会。企业内部社会资本可促进知识的传播、交换，提高所获取信息的质量和速度，并且这种内部网络关系可促进组织凝聚力的提升。Tsai等在其研究中将企业内社会资本划分为结构维度、关系维度、认知维度三个维度，并研究这些维度对于企业内资源交换、产品创新有哪些影响。研究结果表明，企业内社会资本的结构维度、关系维度可以显著影响企业内各部门之间资源的交换和员工之间的认同感，进而提高企业绩效。企业内社会资本通过内部关系网络，最主

要作用是可以得到及时、高质量、广泛的资源,可以促进知识、信息的传播和交换,从而使知识可以得到应用和提高[171]。科技快速进步的今天,企业所需知识更加复杂和多样化,组织中的人际交往作为传播知识的媒介,对于企业知识能量的提高非常重要[183]。

①企业内社会资本结构维度与组织学习的关系

企业内部进行知识传播和交换的第一步是成员之间的接触和交流。Coleman 等在其研究中指出,社会资本中决定人际互动数量和质量的结构维度提供了企业内成员间接触和识别异质性知识的机会,所以结构维度是组织学习的决定因素[23]。在强关系网络中,企业成员可以与其他成员有更多的接触机会,也便有足够的时间和机会从对方那里挖掘和提取出更多更深层的知识,而且网络联结越紧密,彼此沟通越顺畅,信息传递速度也就越快[184]。对于企业内不同部门之间联结密度越大,越有助于信息的交换,从而有助于建立以信任为基础的合作关系,促进共同知识的形成。

②企业内社会资本关系维度与组织学习的关系

Coleman 认为企业规定一定的行为规范,并且这种规范科学合理且经过实践的检验后得到认同,那么这将对企业内部人员的行为起到很好的指导和约束作用;企业内部网络成员在互相信任的前提下进行往来,可以大大提高学习知识、信息的速度和质量。信任和规范有助于防范恶性行为和无效信息为企业带来的损失,可以降低监督和讨价还价成本,促进知识资源的快速、高效的传递和应用。Kale 在研究中表明,个体间的情感关系对于彼此知识的共享和提高有着长期影响,然而这种情感关系要靠相互间长期的社会交往才能建立起来。事实上,有效的沟通要靠彼此间的信任保驾护航,如果彼此间心存芥蒂和顾虑,纵使沟通的数量再多,也无法保证信息交流的质量。双方并不愿将自己长期积累的知识经验分享,便不可能实现隐性知识和技术的传递。

③企业内社会资本认知维度与组织学习的关系

共享语言和代码为网络成员进行交流和资源共享提供基础,它是网络成员间进行知识交互行为的主要前提。人们在进行知识、信息等资源的交互学习过程中,为了保证该过程的顺利进行,网络成员必须具有相似的认知背景（如共同的语言或可以理解的代码等）。Nahapiet等认为，共同的语言和代码可以拉近网络成员间的距离并促进信息传递和获取，如果彼此无法理解对方所要传递的信息，这将严重影响他们之间的交流，造成沟通障碍[25]。所以，为了保证组织学习的顺利进行，必须要建立畅通无阻的沟通桥梁，而语言和代码是进行沟通的重要方式，所以认知维度是组织学习顺利进行的重要保障。

语言和代码是网络成员间进行交流和联系的重要工具，共同的语言和代码可以拉近网络成员间的距离并促进彼此之间的沟通和交流。若互动的双方语言和代码不通，则无法顺畅地传递信息和知识，严重影响组织学习。据此，本章提出如下假设：

H2：企业内部社会资本正向影响组织学习。

H2a：结构维度正向影响组织学习。

H2b：关系维度正向影响组织学习。

H2c：认知维度正向影响组织学习。

(3) 组织学习与安全绩效的关系及研究假设

企业作为一种社会组织形式，所追求的根本目标就是提高企业绩效，而企业的绩效水平和竞争优势最终取决于很难被模仿的组织学习能力方面。科技快速进步的今天，企业应对竞争环境所需知识、技术更加复杂和多样化，单纯地依靠原有的知识经验已经远远无法满足企业进步的需要，企业必须不断地进行学习才能使自己立于不败之地，获得长久的竞争优势。朱兵等通过对182家企业进行调查，探究支持型企业文化、组织学习是如何影响绩效的，结果显示组织学习对企业创新绩效有显著正向影响[165]。企业通过长期的积累性学习来协调知识和技术，使之作用于企业价值观和管理决策的形成，企业现有的知识、技能并不能满足不断变化的竞争环境的需求。所以，在科技快速进步的今天，企业必须通过知识创新来寻求发展机会，提高竞争力。知识创新就是通过有效的组织学习从自身或者他人身上汲取知识和经验，并产生出新的知识进行探索、应用，最终实现创新。倪渊和林健在其研究中通过实证分析的方法，试图探究内部知识转移对于知识型团队绩效的影响关系。结果表明，组织内部知识、经验的扩散和整合，可以推动创新工作的顺利进行使企业获得竞争优势，进而提高团队绩效[185]。

综上所述，企业通过长期的积累性学习来协调知识、经验和技术等资源，提高组织改善原有规范的能力，并促进组织实现产品、想法和程序的创新，进而改变组织价值观和经营决策，最终形成很难被模仿的组织学习能力，为组织的可持续发展提供不竭动力，进而提高企业绩效。科技快速进步的今天，创新过程中所需知识更加复杂和多样化，组织中的人际交往作为传播知识的媒介，对于企业知识能量的提高非常重要。所以，组织学习实际上是增强企业绩效的过程，而目前还尚未有学者对这方面，尤其是对安全绩效的影响展开系统的研究，也无科学合理的实证研究来分析组织学习与安全绩效的作用机理。施工企业想要提高其安全绩效，必须加强组织的学习。据此，本章提出如下假设：

H3：组织学习正向影响安全绩效。

（4）组织学习的中介作用假设

柯江林等在研究中以知识共享和知识整合作为中介变量，研究社会资本对团队效能的影响，实证分析结果显示，社会资本各维度都对团队效能有不同程度的正向影响，并验证了组织学习的中介作用[186]。Campbell 等在研究中通过对已有相关文献的梳理，发现知识、经验和技术是影响企业效能的重要因素。总结了一系列的将企业绩效作为因变量，其他影响因素作为自变量的研究模型后，发现知识、经验和技术在自变量与绩效之间起了中介作用。如果人们没有掌握相应的知识、技能来遵守安全规章制度或参加安全活动，则无法保证安全工作的顺利进行；拥有了进行安全工作的动机，人们才会遵守安全程序。"知识、技能和动机"会影响企业的安全绩效，因为只有人们具备了安全知识、掌握了安全工作技能、拥有了进行安全工作的动机，人们才会遵守安全程序。所以，"知识、技能和动机"对企业安全工作的顺利进行非常重要。为研究施工企业内部社会资本是通过什么途径和方式作用于安全绩效，本章提出如下假设：

H4：组织学习在企业内社会资本对安全绩效影响关系中起中介作用。

H4a：组织学习在结构维度对安全绩效影响关系中起中介作用。

H4b：组织学习在认知维度对安全绩效影响关系中起中介作用。

H4c：组织学习在关系维度对安全绩效影响关系中起中介作用。

对上述提出的假设进行归纳汇总，如表 4-1 所示。

研究假设汇总　　　　　　　　　　　表 4-1

序号	具体假设
H1	企业内社会资本正向影响安全绩效
H1a	结构维度正向影响安全绩效
H1b	关系维度正向影响安全绩效
H1c	认知维度正向影响安全绩效
H2	企业内社会资本正向影响组织学习
H2a	结构维度正向影响组织学习
H2b	关系维度正向影响组织学习
H2c	认知维度正向影响组织学习
H3	组织学习正向影响安全绩效
H4	组织学习在企业内社会资本与安全绩效影响中起中介作用
H4a	组织学习在结构维度与安全绩效影响中起中介作用
H4b	组织学习在认知维度与安全绩效影响中起中介作用
H4c	组织学习在关系维度与安全绩效影响中起中介作用

根据以上假设，构建的假设模型如图 4-1 所示。

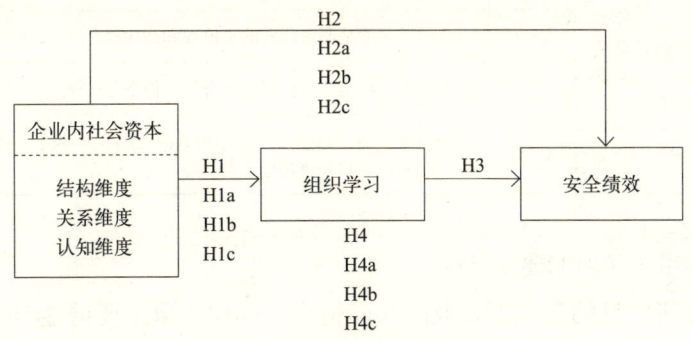

图 4-1　假设模型示意图

4.2.2 主要量表的指标描述

（1）企业内社会资本要素指标

施工企业内部社会资本的结构维度包括网络规模、稳定性、密度，用来衡量内部沟通情况。关系维度包括信任、规范，用来衡量彼此信任和遵守规范的程度；认知维度包括共同语言、共享愿景。具体量表和指标描述如表 4-2 所示。

施工企业内社会资本要素量表 表 4-2

指标	题项	指标描述
施工企业内社会资本结构维度（网络规模、网络稳定性、网络密度）	Q1.1	企业内个人之间、不同部门、不同项目部之间具有良好的沟通与交流（如各部门、项目部主管之间关系紧密或有工作联系的跨部门、跨项目部员工之间关系密切）
	Q1.2	企业内个人之间，各部门、各项目部之间联系很频繁
	Q1.3	企业内成员之间经常通过正式或非正式的沟通来互相交流技术、知识和经验
	Q1.4	企业内很少发生成员向企业外部流动的现象（如离职或离任）
施工企业内社会资本关系维度（信任、规范）	Q2.1	企业内个人之间，各部门、各项目部之间能够很好地遵守承诺
	Q2.2	企业内个人、各部门、各项目部能严格遵守组织规范
	Q2.3	企业内大部分成员能够信守承诺
	Q2.4	企业内成员能以较好的工作状态履行相应的工作职责、义务
施工企业内社会资本认知维度（共享愿景、共同语言）	Q3.1	企业内成员能服从公司的价值观和行为规范
	Q3.2	企业成员清楚明白公司的价值观和奋斗理念
	Q3.3	企业成员将集体目标视为自身的工作奋斗目标
	Q3.4	企业成员间语言互通并使用相同的代码（共同的企业文化背景或专业知识等）沟通起来且无障碍

（2）组织学习的要素指标

根据研究目的和施工企业的实际情况，知识获取主要借鉴 Huber 和佘彩云的相关研究，在其研究中指出企业内部建立跨组织学习和研发团队及举办讲座等方式来实现知识获取。知识共享的测量借鉴陈国权和马萌在其研究中对题项的设计，主要指企业内部能否通过建立部门内及跨部门的学习团队，这些学习团队可以帮助人们相互交流知识经验和教训，并能将有效知识及时应用到实践中等。知识创造的测量主要采用 Huber 在相关研究的测量题项，主要包括企业能否充分运用获取的新知识、新技术解决生产管理过程中遇到的问题，并将原有知识与新知识之间进行比较和融合，使其更加符合本企业的实际情况，在市场需求不断变化的大环境中提升企业创造新知识、应对挑战能力。因此，本章结合施工企业内部的实际情况，提出的组织学习测量指标如表 4-3 所示。

组织学习要素量表 表 4-3

指标	题项	指标描述
组织学习	Q4.1	企业内项目部、部门能及时将获得的施工技术、知识经验分享给其他组织成员
	Q4.2	企业经常举办一些与施工相关的知识讲座等宣传教育活动
	Q4.3	企业及其人员善于总结经验和错误
	Q4.4	企业及人员能够及时准确地将学得的新知识、新技术运用到生产运营中，用于解决施工过程中产生的问题
	Q4.5	企业及人员能够吸收对自身有用的知识，并通过与自身实际情况相结合，使其变为自己的知识技能
	Q4.6	企业及人员的知识已经积累到一定的程度，具备了对所学新知识和技术进行再创造的能力

（3）安全绩效的要素指标

根据提出的假设模型，本章以安全绩效作为因变量展开研究。安全绩效的提升作为建筑企业长期追求的目标之一，属于建筑企业绩效管理研究的重要范畴。由于研究角度不同，很多学者用安全结果、安全能力、安全状况、安全行为等名词来代表安全绩效，有关安全绩效的测量方法也未形成统一认识。部分学者采用安全结果即一段时期内事故发生对个人身心所造成的伤害程度及经济损失来评估企业的安全绩效，认为这一项统计数越小则说明企业的安全绩效越好，也有学者采用企业安全系统的日常运行情况来评估企业的安全绩效。本章认为，由于事故发生所造成的伤亡损失等数据具有滞后性的缺陷，不能起到事前预防的作用，同时企业的日常运行情况也不能很好得用数据统计。因此，本章借鉴刘素霞对安全绩效的综合评价指标，即安全结果和员工安全行为综合指标来评价安全绩效[77]。安全结果是指事故发生后可测量的伤害、损失，即安全事故造成的经济损失、人员伤亡等；安全行为就是员工在工作过程中的安全行为表现，包括安全遵守和安全参与。结合施工企业的实际情况，本章提出的安全绩效指标如表4-4所示。

安全绩效要素量表 表4-4

指标	题项	指标描述
安全绩效	Q5.1	企业的安全事故率情况
	Q5.2	企业由安全事故造成的经济损失情况
	Q5.3	工作时总是遵照安全工作流程进行操作
	Q5.4	即使无人监督，仍然会安全规范地进行操作
	Q5.5	很乐意参加能够改善生产安全的相关活动
	Q5.6	若发现工友在工作中有不当操作，会及时予以提醒和纠正

4.3 问卷调查与统计分析

4.3.1 问卷设计、发放与统计

（1）问卷设计

调查量表的计量项目主要来源于三个方面：

①文献分析。对有关企业内社会资本、组织学习、安全绩效测量的文献进行仔细分析，尤其重点分析案例研究和实证研究的文献，充分地吸收已有的研究成果，收集有关的内容和条目。

②专题研讨。课题组成员主要由大学教授、博士研究生和硕士研究生组成，其中一些人员已经对企业内社会资本、安全绩效进行了多年的跟踪

第4章 施工企业内社会资本、组织学习与安全绩效的关系 ※

研究,并取得了丰富的研究成果和经验。课题组成员依据自己对相关研究的体会和所取得的研究成果,采用头脑风暴法,提出各自的观点。

③专家访谈。课题组选择了一些经验丰富的施工企业中高层管理者进行访谈。在访谈之前,为了消除对方的顾虑,课题组成员首先向对方较为详细地介绍了访谈的目的和意义,以取得对方的积极配合;然后把文献分析和专题研讨的结果陈述给对方,请被访谈者根据自己的理解和工作经验,对所给出的计量项目进行评判,提出修改和补充建议;最后对访谈结果进行归纳总结,以取得关键的反馈信息。

问卷发放前还进行了一系列的修正和审核工作:第一,研究团队仔细分析了每一个问题以确保其可以被不同层次的员工理解。第二,邀请5位专家(1位统计学博士研究生、2位管理学博士研究生、1名心理医生、1名施工项目经理)对初始量表进行了审核,根据他们的反馈意见进一步修改和完善,使问卷的问题更适当、准确。第三,对五家大型建筑施工企业进行实地调研,来评估问卷设计的合理性并对用词进行相应修改,形成了初始量表的各个计量项目。

调查问卷共包括两部分内容:第一部分是答卷人基本信息,包括所在企业名称、企业所在地、性别、所处管理层次、从事建筑工作的年限、单位资质、所在工程类型。第二部分是问卷的主体部分,主要是被调查者通过对所在施工企业内社会资本、组织学习和安全绩效的了解对问卷问题进行打分。问卷采取李克特5级评分法,由答卷人对问卷中各变量的描述进行打分,从非常不同意到非常同意共5个等级,分别赋值为1、2、3、4和5,数字越大代表越同意题项中所陈述的观点。

(2)问卷发放与统计

根据量表编制和项目筛选结果,形成了正式调查问卷,用于大样本的数据采集工作。为了提高有效问卷的回收率,保证被调查者对问卷的打分能很好地反应施工企业的实际情况,采用了层次抽样方法发放问卷,抽样对象主要包括建筑企业高层管理者、中层管理者、基层管理者和专业技术人员。调查方式主要采用三种方式:人员现场送达纸质版问卷、E-mail传递电子版问卷和邮局邮寄纸质版问卷。发放问卷数为283份,回收到的问卷数为229份，问卷回收率为80.9%，有27份问卷存在大片空白或打分雷同的问题视为无效，进行剔除，共回收到有效问卷202份。

4.3.2 描述性统计分析

采用SPSS19.0统计软件对答卷人所处管理层次、样本所在地区、所在项目类型、所在单位资质进行描述性统计，具体结果如表4-5～表4-8所示。

（1）被调查者所处管理层次特征分布

被调查者所处管理层次特征分布　　　　表4-5

管理层次	频率	百分比（%）	累积百分比（%）
高层管理者	8	3.9	3.9
中层管理者	21	10.4	14.3
基层管理者（包括项目经理）	91	45.0	59.3
专业技术人员	82	40.7	100.0
合计	202	100.0	

可以看到，基层管理者（包括项目经理）所占的比例最大，为45.0%，专业技术人员为40.7%，中层管理者为10.4%，高层管理者为3.9%，说明样本的调查对象更加集中于基层管理者和专业技术人员，他们也是工程项目具体的管理者和执行者，对工程项目的具体情况相对于中高层管理者而言更加了解；中高层管理者更加重视对众多工程项目的协调和决策工作，尤其是高层管理者。整体来看，样本的分布符合研究所需。

（2）样本项目所在地区特征分布

本次问卷发放地主要集中于华北、华中、珠三角、长三角区域。但是由于建筑企业项目的流动性特点，整体来看，所取得的有效样本仍具有一定的代表性（表4-6）。

第4章 施工企业内社会资本、组织学习与安全绩效的关系

样本所在地区特征分布　　　　　表4-6

地区	频率	百分比（%）	累积百分比（%）	地区	频率	百分比（%）	累积百分比（%）
浙江省	15	7.4	7.4	湖南省	13	6.4	70.8
上海市	16	7.9	15.3	山东省	21	10.4	81.2
福建省	20	9.9	25.2	山西省	17	8.4	89.6
广东省	8	4.0	29.2	江苏省	12	5.9	95.5
北京市	27	13.4	42.6	四川省	9	4.5	100.0
河北省	21	10.4	53.0	合计	202	100.0	
天津市	23	11.4	64.4				

（3）样本项目类型特征分布

如表4-7所示。

样本项目类型特征分布　　　　　表4-7

项目类型	频率	百分比（%）	累积百分比（%）
民用建筑工程	121	59.9	59.9
工业建筑工程	53	26.2	86.1
市政工程	22	10.9	97.0
其他	6	3.0	100.0
合计	202	100.0	

可以看到，民用建筑项目最多，占到了59.9%；工业建筑项目次之，占到26.2%；市政工程项目占到10.9%；其他项目占到3.0%。目前，我国城镇人口增加速度比较快，对住房的需求量很大，尤其是拉动了商品房的投资和建设，进而促使民用建筑在工程项目中所占比例越来越大，调查对象的抽样也是基于这点来考虑，使样本分布符合实际情况。

（4）单位资质特征分布

如表4-8所示。

可以看出，甲级和乙级资质达到了94.0%，说明样本具有很好的代表性，调研结果也具有很好的说服力。

样本企业资质 **表 4-8**

单位资质	频率	百分比（%）	累积百分比（%）
甲级（一级）资质	137	67.8	67.8
乙级（二级）资质	53	26.2	94.0
丙级（三级）资质	11	5.5	99.5
尚无资质	1	0.5	100.0
合计	202	100.0	

4.3.3 信度与效度分析

（1）信度分析

信度分析是对调查问卷题项的设置以及整体测量结果的一种反映。一般情况下，不同的调查者对于同样的问题有着不同的回答。但对于众多采访者而言，他们所给出的答案应该在一定程度上呈现一种稳定，较为集中的趋势，并且同一个回答者对于一个答案的重复作答应该表现出一致的结果，而不应该有大的偏差。吴明隆在对前人的研究成果进行总结提炼的基础上，提出了 Cronbach's Alpha 系数判断准则，指出分层面最低的内部一致性 Cronbach's Alpha 系数要在 0.5 以上，最好高于 0.6，0.8 以上信度非常好。本章利用 SPSS19.0 软件对问卷进行信度检验，所有变量的 Cronbach's Alpha 系数都在 0.8 以上，显示出较好的稳定性和可靠性，如表 4-9 所示。

各变量 Cronbach’s Alpha 系数 **表 4-9**

变量		Cronbach’s Alpha 系数	
企业内社会资本	结构维度	0.893	0.914
	关系维度		0.899
	认知维度		0.898
组织学习		0.930	
安全绩效		0.910	
所有变量		0.947	

第4章 施工企业内社会资本、组织学习与安全绩效的关系

（2）效度分析

对从问卷得出的观察值所代表的现象与真实现象进行比较分析为效度分析，分析时主要对问卷的表面、内容及结构效度进行检验。本章利用SPSS19.0中的因子分析方法对问卷的结构效度进行分析，该分析方法是用主成分法来提取各变量。采用探索性因子分析法，正式进行分析前，需要分析样本的KMO值，并对数据进行巴特莱特球体检验，检验通过后进一步做因子分析。

①企业内社会资本的探索性因子分析

企业内社会资本的探索性因子分析结果显示KMO值为0.834，Sig.值为0.000，达到显著性水平，相关问卷数据可以做因子分析。企业内社会资本因子分析结果如表4-10所示。

企业内社会资本的因子分析结果 表4-10

变量	对应题项	各个因子的因子负荷量		
		因子1	因子2	因子3
结构维度	Q1.1	0.861	0.099	0.144
	Q1.2	0.869	0.170	0.187
	Q1.3	0.871	0.206	0.163
	Q1.4	0.832	0.224	0.193
关系维度	Q2.1	0.166	0.847	0.182
	Q2.2	0.154	0.836	0.106
	Q2.3	0.205	0.841	0.171
	Q2.4	0.136	0.876	0.114
认知维度	Q3.1	0.134	0.203	0.849
	Q3.2	0.051	0.157	0.885
	Q3.3	0.256	0.134	0.807
	Q3.4	0.260	0.081	0.840

从表4-10可以看出，问卷中涉及的12个问题项中前4个的因子负荷

量都大于0.5，可以归为一个因子，将其命名为企业内社会资本结构维度；依次类推，中间4个的因子负荷量都大于0.5可以归为一个因子，称之为关系维度；中间4个的因子负荷量都大于0.5，归为一个因子称作认知维度。基于因子分析结果并结合提出的研究假设，对企业内社会资本进行因子分析后所提取出的三个因子，并且各个因子所提取出的问题项与理论假设完全一致，没有任何需要删减的内容，说明问卷中有关企业内社会资本的部分结构效度良好。

②组织学习的探索性因子分析

组织学习的探索性因子分析结果显示 KMO 值为 0.867，Sig. 值为 0.000，各指标均通过检验，可以对组织学习相关数据进行因子分析。组织学习的因子分析结果如表 4-11 所示。

组织学习的因子分析结果　　　　　　　　　　　表 4-11

变量	对应题项	因子负荷量
组织学习	Q4.1	0.871
	Q4.2	0.887
	Q4.3	0.859
	Q4.4	0.903
	Q4.5	0.796
	Q4.6	0.875

可以看到，组织学习的6个测量题项的因子负荷量都大于0.5，说明变量组织学习不需要再进行划分，看作一个变量进行衡量即可。

③安全绩效的探索性因子分析

安全绩效的探索性因子分析结果显示 KMO 值为 0.870，Sig. 值为 0.000，各指标均通过检验，可以对安全绩效相关数据进行因子分析。安全绩效的因子分析结果如表 4-12 所示。

可以看到，安全绩效的6个测量题项的因子负荷量都大于0.5，说明变量安全绩效不需要再进行划分，看作一个变量进行衡量即可。

安全绩效的因子分析结果　　　　　　　　　　表 4-12

变量	对应题项	因子负荷量
安全绩效	Q5.1	0.849
	Q5.2	0.813
	Q5.3	0.790
	Q5.4	0.823
	Q5.5	0.858
	Q5.6	0.854

4.3.4 相关分析

本章构建的假设模型将施工企业内社会资本设定为自变量，组织学习为中介变量，安全绩效设定为因变量，拟通过结构方程方法探究三者之间的因果关系。然而变量之间显著相关是进行因果分析的前提，所以必须对变量之间的相关性进行检验，即相关分析。相关分析用来研究各变量之间的相关性、密切程度，并检验其有效性。使用 Pearson 相关分析法对各变量之间的关系进行相关性分析，分析结果如表 4-13 所示。

各研究变量之间的相关性　　　　　　　　　　表 4-13

		结构维度	关系维度	认知维度	组织学习	安全绩效
结构维度	Pearson 相关性	1	0.399**	0.407**	0.458**	0.465**
	显著性（双侧）		0.000	0.000	0.000	0.000
	N	202	202	202	202	202
关系维度	Pearson 相关性	0.399**	1	0.356**	0.418**	0.312**
	显著性（双侧）	0.000		0.000	0.000	0.000
	N	202	202	202	202	202
认知维度	Pearson 相关性	0.407**	0.356**	1	0.540**	0.608**
	显著性（双侧）	0.000	0.000		0.000	0.000
	N	202	202	202	202	202

续表

		结构维度	关系维度	认知维度	组织学习	安全绩效
组织学习	Pearson 相关性	0.458**	0.418**	0.540**	1	0.799**
	显著性（双侧）	0.000	0.000	0.000		0.000
	N	202	202	202	202	202
安全绩效	Pearson 相关性	0.465**	0.312**	0.608**	0.799**	1
	显著性（双侧）	0.000	0.000	0.000	0.000	
	N	202	202	202	202	202

注：*** 表示 $p \leqslant 0.001$，** 表示 $p \leqslant 0.01$，* 表示 $p \leqslant 0.05$。

可以看到，企业内社会资本结构维度、关系维度、认知维度与组织学习、安全绩效两两之间均在 0.01 水平上呈现出显著相关，因此模型设定不需要修正，可以进行下一步的因果关系检验。

4.4 企业内社会资本、组织学习与安全绩效关系的实证分析

4.4.1 结构方程模型介绍

(1) 模型概述

运用结构方程模型（SEM）对提出的假设模型进行检验，以期将各变量的直接关系和间接关系清晰地反映出来，并采用 Amos17.0 进行模型的拟合。

采用结构方程分析方法（SEM）是一种数据统计分析方法，它结合了因子分析、路径分析与多元回归等数据分析方法，可用来解释模型中自变量与因变量之间的关系，并且实用性比较广。无论所分析的数据为连续的抑或是离散的，它都可以快速准确地进行分析。结构方程模型中所涉及的变量按照是否可直接进行观测划分，可将变量分为显变量与潜变量。显变量又称为观察变量，可以直接观察测量，在进行因子分析时将其作为指标。与显变量相对应的潜变量则不可直接观察测度，不过由于潜变量与显变量之间存在某种协变关系，可以根据观察变量的数据从各层面推算出来。所以，可以用观察变量来间接测度潜变量。结构方程模型中还包括两种变量，

一是纯粹的因变量,另一种是中介变量。中介变量是某些变量对另一些变量进行影响的桥梁[187]。

Amos17.0 让 SEM 变得更容易,没有复杂的编码程序,通过软件中直观的绘图工具,通过拖动等简单的操作便可将路径图绘制出来,并且 Amos17.0 得到的数据分析结果要比仅仅使用回归分析、因子分析等要准确明了。分析过程中 Amos17.0 每一步都提供了一个图形化的环境,并且调色板工具极为方便,直接点击鼠标就能指定或变换模型。运行模型后,能快速得到结果,且能详细地看出变量之间是如何相互影响的。

广义的结构方程模型中包含测量模型和结构模型两个基本的模型,测量模型主要研究观察变量与潜在变量之间的关系,数学意义上表示为一组观察变量的线性函数,其中观察变量是可以用量表或问卷等测量工具直接测量获得数据的变量,潜在变量是无法用测量工具直接测量而需要用观察变量表示的数据。测量模型的示意图如图 4-2 所示。

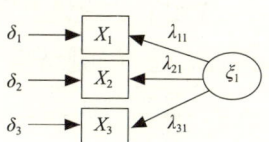

图 4-2 测量模型示意图

资料来源:吴明隆.结构方程模型——AMOS 的操作与应用 [M].重庆:重庆大学出版社,2009

其中,X_1、X_2、X_3 代表观察变量,ξ_1 代表潜在变量,λ_{11}、λ_{21}、λ_{31} 分别代表各观察变量对潜在变量的因素负荷量,δ_1、δ_2、δ_3 代表误差项,则该测量模型的数学表达式如下所示:

$$X_1 = \lambda_{11}\xi_1 + \delta_1$$
$$X_2 = \lambda_{21}\xi_1 + \delta_2$$
$$X_3 = \lambda_{31}\xi_1 + \delta_3$$

结构模型主要研究各个潜在变量之间的因果关系,根据潜在变量因果关系的不同,作为因的潜在变量称为外因潜变量,作为果的潜在变量称为内因潜变量,结构模型的示意图如图 4-3 所示。

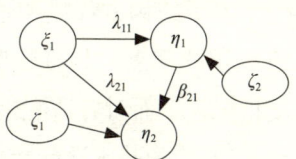

图 4-3 结构模型的示意图

资料来源:吴明隆.结构方程模型——AMOS 的操作与应用 [M].重庆:重庆大学出版社,2009

其中,ξ_1 为外因潜变量,η_1 和 η_2 为内因潜变量,λ_{11}、λ_{21}、β_{21} 为潜变量之间的影响关系,

ζ_1 和 ζ_2 为潜变量的误差项。则该结构模型的数学表达式如下所示：

$$\eta_2 = \beta_{21}\eta_1 + \lambda_{21}\xi_1 + \zeta_2$$
$$\eta_1 = \lambda_{11}\xi_1 + \zeta_1$$

一个广义的结构方程模型应当至少包含两个以上的测量模型和一个以上的结构模型。根据以往学者的相关研究，利用结构方程模型理论与方法进行实证分析主要包含以下四个步骤：

1）理论模型构建。通过对研究问题界定和相关理论分析，构建理论模型，提出相关研究假设，从而为构建结构方程模型提供理论依据。

2）结构方程模型构建。根据构建的理论模型，分别界定测量模型和结构模型，进而构建结构方程模型。

3）数据获取。根据研究相关问题和构建的测量模型，设计测量量表，选取样本进行抽样调查获取研究所需数据。

4）模型参数估计。根据获取数据利用相应参数估计方法对模型参数进行估计，利用模型适配指标判别模型是否适配。

5）模型修正与结果讨论。根据模型适配结果判断模型是否需要进行修正，最后对适配良好的修正模型得出的结果进行讨论分析。

（2）评价指标

在结构方程模型分析中，对构建的理论模型是否合理的评价标准主要体现为对模型适配度的判定。模型适配的主要意思是评价依据理论假设构建的结构方程模型与获取的样本数据是否一致。模型适配度的良好与否并不一定保证模型的有用性和正确性，只能表示模型与实际数据具有较好的一致性，而理论模型的正确与否还应当结合相关理论和实践进行分析讨论。

关于结构方程模型适配度指标的研究，应用比较广泛的为 Bogozzi 和 Yi 提出的观点，其将模型适配指标分为模型基本适配指标和整体模型适配度指标，下面对各适配指标进行简要阐述。

1）模型基本适配指标

在模型基本适配指标方面，Bogozzi 和 Yi 提出主要从以下五个方面进行考虑：

①估计参数中不能有负的误差方差；

②所有的误差变异量必须达到显著性水平，即 t 值大于 1.96；
③各估计参数统计量之间的相关系数应当明显小于 1；
④观察变量对其对应的潜在变量的因素负荷量最好应在 0.5～0.95 之间；
⑤标准误差的数值不宜过大。

当出现上述五种情况时，应首先检查模型构建及数据读入方面是否出现明显错误，修正之后再进行模型的估计和分析。

2) 整体模型适配度指标

整体模型适配度指标又称为对模型外在质量的评估，可以分为绝对适配度指标、相对适配度指标和简约适配度指标三类。绝对适配度指标包括卡方、卡方自由度比、RMR、RMSEA、GFI 和 AGFI 等，相对适配度指标包括 CFI、NFI、IFI 等，简约适配度指标包括 PNFI、PGFI 等。

由于对整体模型适配度进行评价的指标较多，在进行模型评价时并不要求所有的指标均达到适配标准，因此，下面仅对应用较广泛的几个指标进行简要阐述。

① 卡方自由度比

卡方自由度比值综合考虑了卡方与自由度的大小，卡方自由度比值越小，说明假设模型的协方差矩阵与观察数据越吻合，即模型的适配程度越好，一般认为，卡方自由度比值小于 2 时表示模型的适配程度较佳，也有学者指出卡方自由度比值小于 3 时，模型与样本数据的契合度也可以接受。

② RMR

RMR 为残差均方和平方根（Root Mean Square Residual），来源于适配残差的概念，即根据样本数据所得的方差协方差矩阵与理论模型中隐含的方差协方差矩阵的差异值。RMR 值越小，说明适配残差越小，表示模型的适配程度越好，一般认为，RMR 值小于 0.05 时表示模型的适配度是可以接受的。

③ RMSEA

RMSEA 为渐进残差均方和平方根（Root Mean Square Error of Approximation），综合考虑了集中化参数与自由度的数值大小，是一种不需要基准线模型的绝对性指标，其值越小，表示模型的适配程度越好，一般认为，RMSEA 值小于 0.08 时表示模型的适配程度可以接受。

④ GFI

GFI 为适配度指数，也称为良适性适配指标（Good-of-Fit Index），表示样本数据的观察矩阵与理论构建复制矩阵之差的平方和与观察的方差的比值，GFI 值越大，说明理论建构复制矩阵能够解释样本数据观察矩阵的变异量越大，则二者的契合程度也越高，即模型的适配程度越好。一般认为，GFI 值大于 0.90 时表示模型的路径图与实际数据具有良好的适配。

⑤ CFI

CFI 为比较适配指数（Comparative Fit Index），是一种改良的 NFI 指标值，CFI 在对假设模型契合度估计方面表现较为稳定，其值越大，表示模型的适配度越好，一般认为，CFI 值大于 0.90 时表示模型得适配度可以接受。

⑥ PNFI

PNFI 为简约调整后的规准适配指数（Parsimony-Adjusted NFI），其考虑了自由度的数量，比 NFI 指标更适合用作判断模型的精简程度，在进行模型契合度判定时，一般认为 PNFI 值大于 0.5 时表示模型的适配程度可以接受。

⑦ PGFI

PGFI 为简约适配度指数（Parsimony Goodness-of-fit Index），PGFI 性质与 PNFI 性质相似，其值越大，表示模型的适配程度越好，一般认为，PGFI 值大于 0.5 时表示模型的适配程度可以接受。

4.4.2 结构模型检验

采用结构方程模型的最大似然数法估计相关参数，检验的基本步骤如下：

第一步，验证模型中的自变量与因变量，即企业内社会资本结构维度、关系维度、认知维度与安全绩效的关系；

第二步，验证自变量与中介变量，即企业内社会资本结构维度、关系维度、认知维度与组织学习的关系；

第三步，验证中介变量与因变量，即组织学习与安全绩效的关系；

第四步，采用整合模型验证中介变量即组织学习的中介作用。

采用 AMOS17.0 进行结构方程的检验，每一个模型还需要涉及多个步骤，首先需要在已有理论模型的基础上进行模型的初步构建，通过数据的导入和软件分析，得到初步的分析结果图，结合各数据指标进行模型的修正，得到模型的最终结果图。

(1) 企业内社会资本各维度与安全绩效的关系

首先分析模型中的自变量与因变量，即企业内社会资本结构维度、关系维度、认知维度与安全绩效的关系，通过统计软件 AMOS17.0 对模型中各变量的关系进行路径分析，分析结果如图 4-4 所示。

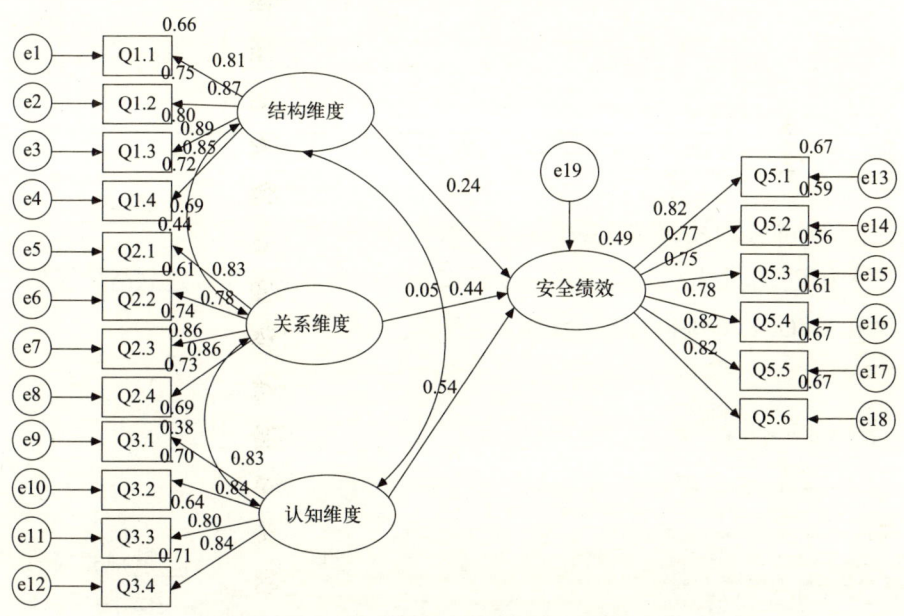

图 4-4　企业内社会资本三维度与安全绩效的关系

该模型的拟合优度结果如表 4-14 所示。比较各指标与判断标准可以看出，GFI 和 CFI 值均达到适配度较好的范围内，RMSEA、CNIN/DF、AIC 等指标同样符合标准，所以，模型不需要进行修正。

从表 4-15 中变量的路径系数可知，企业内社会资本的三个维度对安全绩效的影响路径均显著，说明了企业内社会资本三个维度与安全绩效均显著正相关。

模型拟合优度指数 表 4-14

拟合优度指数	CNIN/DF	CFI	GFI	RMSEA	AIC
判断标准	>5.000	>0.800	>0.900	<0.100	尽可能小
理论模型	3.796	0.958	0.921	0.062	283.840
饱和模型	—	1.000	1.000	—	392.000
独立模型	13.077	0.000	0.396	0.223	1601.187

企业内社会资本的三个维度对安全绩效的影响路径系数估计值 表 4-15

影响路径	估计值	标准估计值	S.E	C.R.	P	假设
安全绩效←结构维度	0.204	0.240	0.063	3.260	***	H1a
安全绩效←关系维度	0.401	0.439	0.088	2.053	**	H1b
安全绩效←认知维度	0.513	0.538	0.075	6.832	***	H1c

注：*** 表示 $P \leq 0.001$，** 表示 $P \leq 0.01$，* 表示 $P \leq 0.05$。

(2) 企业内社会资本各维度与组织学习的关系

为了验证企业内社会资本三个维度与组织学习的关系，建立结构模型，并用 AMOS17.0 进行验证，如图 4-5 所示。

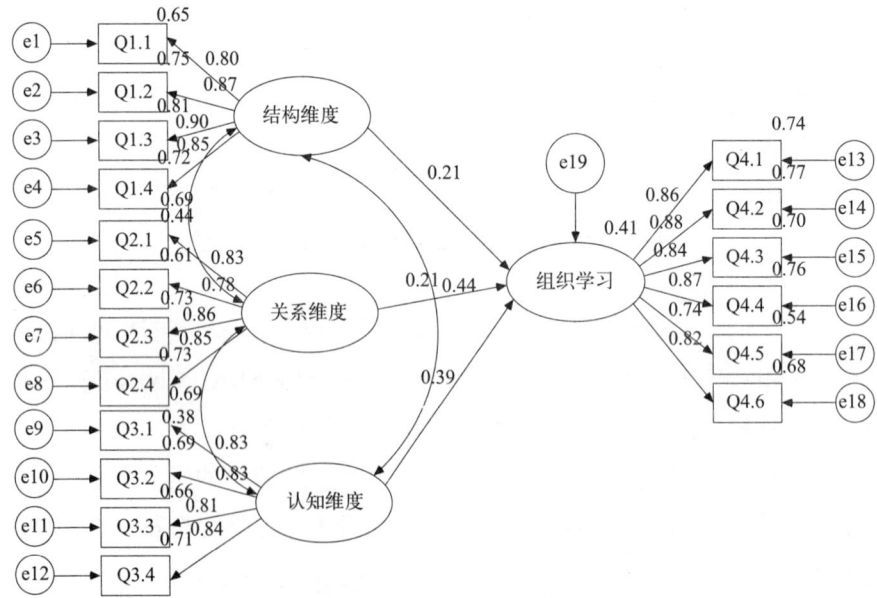

图 4-5 企业内社会资本三维度与组织学习关系图

该模型的拟合优度结果如表 4-16 所示。比较各指标与判断标准可以看出，GFI 和 CFI 值均达到适配度较好的范围内，RMSEA、CNIN/DF、AIC 等指标同样符合标准，所以模型不需要进行修正。

模型拟合优度指数　　　　　　　　　　　　表 4-16

拟合优度指数	CNIN / DF	CFI	GFI	RMSEA	AIC
判断标准	>5.000	>0.800	>0.900	<0.100	尽可能小
理论模型	3.248	0.848	0.901	0.096	394.316
饱和模型	—	1.000	1.000	—	402.000
独立模型	13.591	0.000	0.238	0.248	1882.409

从表 4-17 中变量的路径系数可知，企业内社会资本的三个维度和组织学习的参数估计均通过检验；影响路径中，企业内社会资本三个维度与组织学习的关系也都显著，说明了企业内社会资本三个维度与组织学习均显著正相关。

企业内社会资本三个维度对组织学习的影响路径系数估计值　　表 4-17

影响路径	估计值	标准估计值	S.E	C.R.	P	对应假设
组织学习←结构维度	0.211	0.210	0.063	2.805	**	H2a
组织学习←关系维度	0.369	0.439	0.072	2.874	**	H2b
组织学习←认知维度	0.177	0.390	0.072	5.130	***	H2c

注：*** 表示 $P \leq 0.001$，** 表示 $P \leq 0.01$，* 表示 $P \leq 0.05$。

(3) 组织学习与安全绩效的关系

组织学习与安全绩效的关系模型如图 4-6 所示。在该模型中，卡方与自由度的比值为 2.962，GFI 为 0.833，CFI 为 0.901，RMSEA 为 0.079，均符合判断标准。

从表 4-18 中变量的路径系数可知，组织学习和安全绩效的参数估计均通过检验；组织学习对安全绩效的影响路径也都显著，表明施工企业组织学习对安全绩效有积极影响。

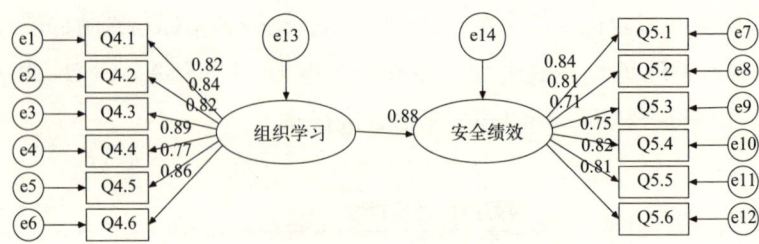

图4-6 组织学习与安全绩效的关系图

组织学习和安全绩效关系路径系数估计值　　　　　　表4-18

影响路径	估计值	标准估计值	S.E	C.R.	P	假设
安全绩效←组织学习	0.783	0.881	0.060	12.947	***	H3

注：*** 表示 $P \leq 0.001$，** 表示 $P \leq 0.01$，* 表示 $P \leq 0.05$。

(4) 整合模型检验

①原整合模型检验

为了验证企业内社会资本的三个维度与组织学习、安全绩效的耦合关系，并验证组织学习的中介作用，建立整合模型，并用AMOS17.0进行验证，如图4-7所示。

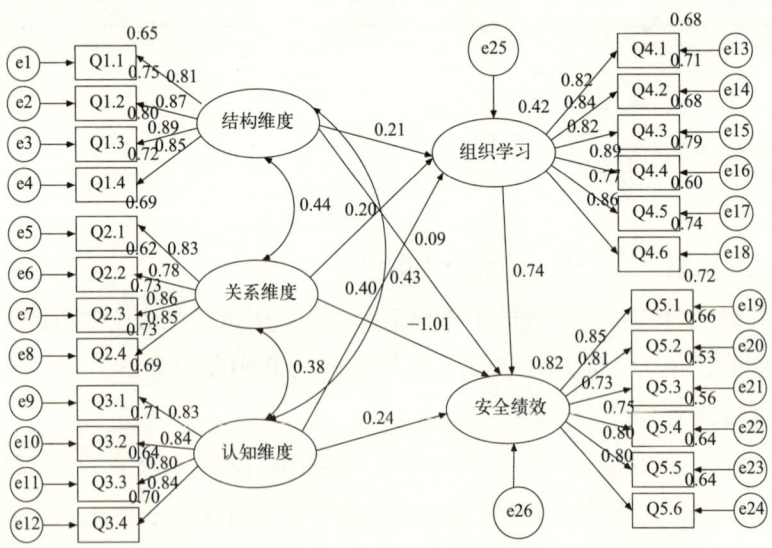

图4-7 企业内社会资本三维度、组织学习与安全绩效关系图

第4章 施工企业内社会资本、组织学习与安全绩效的关系

模型拟合数据结果如表 4-19 所示。在整合模型中,虽然 CNIN/DF 与 RMSEA 均在合理范围内,且 AIC 等指标值均比饱和模型与独立模型的小,但整体模型的适配度指标需要从多方面进行综合考虑,其中 GFI 和 CFI 指标均未达到较理想状态,所以需要根据模型的修正指标,如 MI 值(Modification Indices)来对假设的理论模型做适度修正。

模型拟合优度指数   表 4-19

拟合优度指数	CNIN / DF	CFI	GFI	RMSEA	AIC
判断标准	> 5.000	> 0.800	> 0.900	< 0.100	尽可能小
理论模型	1.342	0.773	0.761	0.031	723.481
饱和模型	—	1.000	1.000	—	992.000
独立模型	16.015	0.000	0.338	0.148	1142.108

②修正的整合模型检验

模型修正针对的是对于各变量之间相关关系的增加、删除或调整。本模型中增加了四条残差项之间的共变关系,即 e9 与 e10、e13 与 e14、e17 与 e18、e23 与 e24。经过修正后的模型结果如图 4-8 所示。

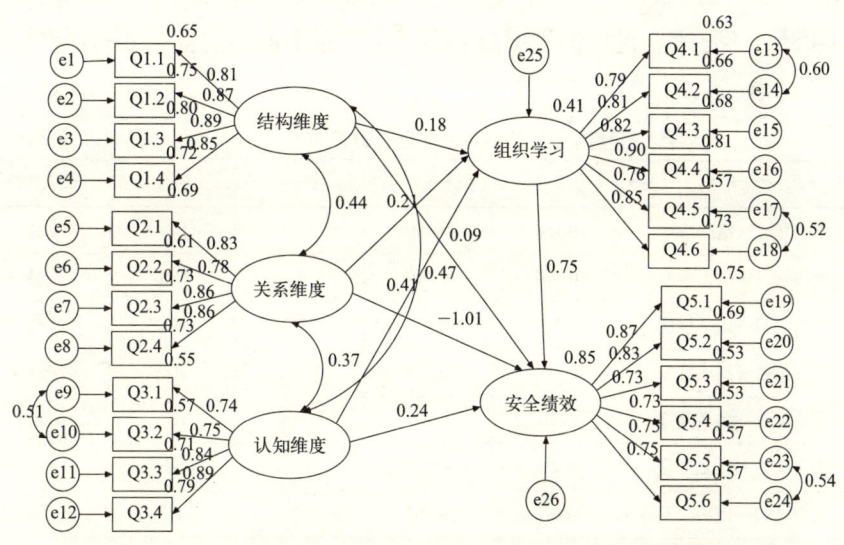

图 4-8 修正后的企业内社会资本三维度、组织学习与安全绩效关系图

在整合模型的修正模型中，卡方与自由度的比值为 2.743，CFI 的值为 0.861，GFI 的值为 0.912，RMSEA 的值为 0.084。综合来看，以上指标均在标准范围内，模型不需要进一步修正。修正后模型的拟合优度指数如表 4-20 所示。

修正后的整合模型拟合指数　　　　　　　　　　　　表 4-20

拟合优度指数	CNIN / DF	CFI	GFI	RMSEA	AIC
判断标准	>5.000	>0.800	>0.900	<0.100	尽可能小
理论模型	2.743	0.861	0.912	0.084	482.866
饱和模型	—	1.000	1.000	—	490.000
独立模型	11.296	0.000	0.348	0.206	1969.788

从表 4-21 中各变量之间的路径系数可知：在整合模型中，企业内社会资本结构维度对组织学习影响路径的标准估计值为 0.180，且 $P \leqslant 0.05$，基本通过显著性检验，从而验证假设 H1a；关系维度与组织学习的标准估计值为 0.209，且 $P \leqslant 0.05$，基本通过显著性检验，从而验证假设 H1b；认知维度与组织学习的标准估计值为 0.409，且 $P \leqslant 0.0001$，较好地通过显著性检验，从而验证假设 H1c。结构维度与安全绩效的标准估计值为 0.089，但 $P=0.081$，不显著，说明假设 H2a 不成立；关系维度与安全绩效的标准估计

各个变量之间的路径系数与显著性水平　　　　　　　　表 4-21

影响路径	估计值	标准估计值	P 值	假设	验证结果
组织学习←结构维度	0.138	0.180	*	H1a	支持
组织学习←关系维度	0.194	0.209	*	H1b	支持
组织学习←认知维度	0.339	0.409	***	H1c	支持
安全绩效←结构维度	0.083	0.089	0.081	H2a	不支持
安全绩效←关系维度	−0.102	−1.01	0.060	H2b	不支持
安全绩效←认知维度	0.232	0.242	***	H2c	支持
安全绩效←组织学习	0.872	0.752	***	H3	支持

注：*** 表示 $P \leqslant 0.001$，** 表示 $P \leqslant 0.01$，* 表示 $P \leqslant 0.05$。

值为 -1.01，且 $P=0.060$，未通过显著性检验，从而说明假设 H2b 不成立；认知维度与安全绩效的标准估计值为 0.242，且 $P \leqslant 0.0001$，较好地通过显著性检验，从而验证假设 H2c。组织学习与安全绩效的标准估计值为 0.754，且 $P \leqslant 0.0001$，较好地通过显著性检验，假设 H3 成立。

4.4.3 中介假设检验

若自变量是通过影响中间的变量从而作用于因变量，那所指的中间变量便是中介变量。所以，中介变量是某些变量对另一些变量产生作用的桥梁，起到媒介的作用。设自变量为 A，中介变量为 B，因变量为 C，通常采用以下三种方法检验变量的中介作用，具体分析过程如下：

(1) 三步回归方程法。首先将自变量 A 对因变量 C 的影响进行回归分析，若回归系数 a 显著，则继续检验，否则中止检验；然后将自变量 A 对中介变量 B 进行回归分析，若回归系数 b 显著，则继续检验，否则中止；最后，把 A、B、C 三者进行回归分析，回归分析结果所得回归系数为 c。经过比较分析后若回归系数 c 通过显著性检验但小于 a，则说明部分中介作用；若 c 没有通过显著性检验，则中介变量 B 在 A 对 C 的影响关系中起到完全中介作用。

(2) 相关和偏相关分析。首先，将自变量 A 与因变量 C 进行相关分析；其次，检验 A 与 C 的相关关系；再次，将 B 与 C 进行相关关系；最后，当把 A、B、C 三者进行相关性分析，若仍然显著但 A 对 C 的影响减弱则说明是部分中介作用，若变得不再影响，则是完全中介作用。

(3) 结构方程模型法。实际检验时分以下四步进行：①将自变量 A 与因变量 C 进行检验，结果输出两者之间的路径系数和显著性；②检验 A 与 B 之间影响关系的显著性和影响路径系数；③检验 B 与 C 关系的显著性水平及路径系数；④将 A、B 和 C 放入同一整合模型进行结构方程模型检验。若①②③④中影响关系全是显著的，然而④中 A 对 C 的影响比①中自变量对因变量的影响要弱，则说明中介变量在 A 对 C 的影响关系中起到部分中介作用；若①②③中影响关系全是显著的，然而④中 A 对 C 的影响不再显著，则说明是完全中介作用。

以上三种方法中，结构方程模型检验的方法适合验证包含路径分析的模型，尤其是包含中介变量时，所以本章采用结构方程的方法验证组织学习的中介作用。第一步自变量与因变量的路径系数及显著性见表4-15；第二步自变量与中介变量影响关系的路径系数及显著性见表4-17；第三步中介变量与因变量影响关系的路径系数及显著性见表4-18；第四步整合模型的路径系数见表4-21。为了清晰地进行对比，将以上四次检验的数据放入统一表格中，如表4-22所示。

组织学习对企业内社会资本与安全绩效的中介作用　　　表4-22

变量		第一步	第二步	第三步	第四步	
		安全绩效	组织学习	安全绩效	组织学习	安全绩效
自变量	结构维度	0.240***				
	关系维度	0.439**				
	认知维度	0.538***				
自变量	结构维度		0.210**			
	关系维度		0.439**			
	认知维度		0.390***			
中介变量	组织学习			0.881***		
自变量和中介变量	结构维度				0.180*	0.089（不显著）
	关系维度				0.209*	-1.01（不显著）
	认知维度				0.409***	0.242***
	组织学习					0.754***

注：*** 表示 $P \leq 0.001$，** 表示 $P \leq 0.01$，* 表示 $P \leq 0.05$。

中介变量加入前后的自变量与因变量之间的路径系数如表4-23所示。

中介变量加入前后自变量与因变量之间的路径系数　　　表4-23

自变量 \ 因变量	中介变量加入前	中介变量加入后
	安全绩效	
结构维度	0.240***	0.089（不显著）
关系维度	0.439**	-1.01（不显著）
认知维度	0.538***	0.242***

注：*** 表示 $P \leq 0.001$，** 表示 $P \leq 0.01$，* 表示 $P \leq 0.05$。

第4章 施工企业内社会资本、组织学习与安全绩效的关系

结合表 4-22 及表 4-23 可以看到，当结构维度作为自变量、安全绩效作为因变量时，加入组织学习这一中介变量后，结构维度对安全绩效的影响从原来的显著变得不再显著，说明组织学习起到完全中介作用，假设 H4a 成立。加入中介变量后，关系维度与安全绩效的完全标准化效应值为 -1.01，且关系从原来的显著变得不再显著，则组织学习这一中介变量起到完全中介作用，假设 H4b 成立。未加入中介变量前，认知维度对安全绩效显著直接影响，完全标准化效应值为 0.538；加入中介变量后，认知维度与安全绩效的完全标准化效应值为 0.242，且 $P<0.001$。加入组织学习这一中介变量后，施工企业内社会资本的认知维度对安全绩效的影响仍通过显著性检验，但影响路径系数从 0.242 降为 0.538，影响减弱。因此，组织学习这一中介变量在施工企业内社会资本的认知维度对安全绩效的影响关系中为部分中介作用，假设 H4c 成立。

从结构方程检验结果可以看出，本章提出的 13 个假设中，只有假设 H1a、H1b 没有通过检验，检验结果整体情况如表 4-24 所示。

假设检验结果汇总表　　　　　　　　　　　表 4-24

序号	研究假设	结果
H1	企业内社会资本与安全绩效正相关	部分成立
H1a	结构维度与安全绩效正相关	不成立
H1b	关系维度与安全绩效正相关	不成立
H1c	认知维度与安全绩效正相关	成立
H2	企业内社会资本与组织学习正相关	成立
H2a	结构维度与组织学习正相关	成立
H2b	关系维度与组织学习正相关	成立
H2c	认知维度与组织学习正相关	成立
H3	组织学习与安全绩效正相关	成立
H4	组织学习在企业内社会资本与安全绩效影响中起中介作用	成立
H4a	组织学习在结构维度与安全绩效影响中起中介作用	成立
H4b	组织学习在认知维度与安全绩效影响中起中介作用	成立
H4c	组织学习在关系维度与安全绩效影响中起中介作用	成立

4.4.4 运行结果分析与管理启示

(1) 研究结论

在有中介变量存在的结构方程模型中,自变量、中介变量、因变量三者之间的影响关系分为直接影响效应、间接影响效应和总影响效应。直接影响效应指自变量对因变量的影响效应,用两者之间的路径系数来衡量;间接影响效应,指模型中自变量通过作用于中介变量而对因变量产生的影响效果,通常用自变量对中介变量影响的路径系数与中介变量对因变量影响的路径系数相乘所得的结果来测量;总影响效应便是直接影响效应和间接影响效应相加之和。采用 AMOS17.0 统计软件对变量关系进行处理并对输出的结果进行分析,剔除不显著的路径关系,得到的变量间标准化路径关系如图 4-9 所示。

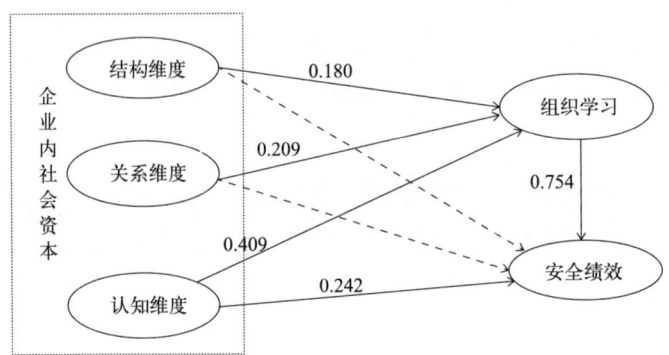

图 4-9 修正的整合模型各变量的标准化路径图

各变量间的影响效应如表 4-25 所示。

各变量间的影响分析　　　　　　　　　表 4-25

因变量	自变量	直接影响	间接影响		总影响
			中介变量(组织学习)		
安全绩效	结构维社会资本	—	0.180×0.754=0.136		0.136
	关系维社会资本	—	0.209×0.754=0.158		0.158
	认知维社会资本	0.242	0.409×0.754=0.308		0.550

第4章 施工企业内社会资本、组织学习与安全绩效的关系

可以看到,认知维度对安全绩效的影响最大,原因在于认知维度中的共享愿景可以直接促进员工为了企业的安全目标而规范自己的安全行为,而认知维度中的共享语言也是组织成员可相互学习、借鉴的基础。关系维度对安全绩效的影响远远落后于认知维度,而结构维度的影响最弱。在施工企业内社会资本的结构维度、关系维度与安全绩效的影响关系中,组织学习起到完全中介作用;在企业内社会资本认知维度与安全绩效关系中起部分中介作用。企业内社会资本可以增加员工的知识技能的储备,提升组织学习的整体水平,进而提高企业安全绩效。

(2) 管理启示

对于建筑施工企业来说,改善企业内部的联结、互动关系以及相互信任程度,有助于将个体的知识技能转换为集体的智慧,从而提高企业安全绩效。本章通过以组织学习作为中介变量,研究施工企业内社会资本与施工企业安全绩效的关系,通过实证分析明晰了其内在作用机理,为建筑施工企业加强运行管理提出了以下建议:

第一,建筑施工企业评价安全绩效应考虑影响要素的综合性。建筑企业在评价安全绩效时不能只是单纯地考虑事故伤亡率和经济损失,由于安全事故和灾难补偿成本往往是事后的,具有滞后性,事故后果资料并不能完全反映企业的现实状况,也不能很好地为企业预防工作提供指导。因此应综合考虑安全结果绩效和安全行为绩效,事故发生前员工的不安全行为等潜在风险也应作为企业进行安全决策的依据。

第二,建筑施工企业应注重内部社会资本的构建。各个企业的企业内社会资本的内容并不是完全相同的,但是企业内部的联结、互动关系以及相互信任程度,有助于施工企业将个体的知识技能转换为集体的智慧,从而提高安全绩效。所以,施工企业为了提高安全绩效,应采取一些措施以增进内部人员的关系、加强互动,如组织一些团体娱乐活动等,努力营造团结一致、互相信任、互帮互助的良好工作氛围,鼓励企业项目部之间、部门之间多多来往和交流,增强企业凝聚力。

第三,建筑施工企业应着重培养员工的责任意识。研究结果显示,施工企业内社会资本认知维度对安全绩效的总影响效应最大。所以,企业应

大力宣传企业文化和奋斗目标，使员工将集体目标作为个人工作的奋斗目标，形成共同的价值观，企业团队齐心协力地工作对施工企业安全绩效至关重要。

  第四，建筑施工企业应注重加强企业组织学习的能力。组织中个体通过个人化的学习和实践活动将积累下的经验、知识、技能以共享的方式推广给组织中其他成员，从而使个体知识变为大家的知识。企业通过长期的积累性学习来协调知识和技术，使之作用于企业价值观和管理决策的形成，企业现有的知识、技能并不能满足不断变化的竞争环境的需求。所以，在科技快速进步的今天，企业必须通过不断的学习来寻求发展机会，提高竞争力。企业要开展组织学习的工作，在企业内定期举办培训知识和技能的活动，旨在拓宽员工的知识面，同时还要加强学习强度，积极促进员工学习，并且努力研发出一种科学合理的学习方法。企业内部如果具备良好的学习氛围和学习机制，将会增进员工间的沟通和交流，使员工间具有相同的价值观和人生观，促进企业的稳定发展。此外，为了保证组织学习的顺利进行，企业应建立相应的机制来规范组织的学习行为。

第 5 章

安全投资要素辨识与安全绩效作用机理①

---

① 支撑论文:李书全,吴秀宇,胡少培,周远.施工企业安全投资、员工安全能力与安全绩效实证研究[J].中国安全生产科学技术,2015,11 (3):141-147.

为深入分析施工企业安全投资对安全绩效的作用机理，本章以施工企业员工安全能力为中介变量，构建了安全投资与安全绩效的结构方程模型。通过对国内部分工程项目施工人员的调查访问获取相关数据，并结合已有的相关文献，建立了建筑施工企业安全投资和安全绩效指标体系。采用探索性因子分析和结构方程分析的方法，对上述模型进行实证检验，深入分析变量之间的影响关系。

5.1 概述

近年来，建筑业的迅猛发展导致了建筑施工安全事故居高不下[188]，其中安全投资意愿不足和安全投资结构不合理是导致安全投资效果不理想的重要原因[52]。为使建筑施工企业进行合理的安全投资决策，提高安全绩效水平，我国学者针对安全投资和安全绩效的作用关系做了广泛的研究，其中包括安全投资效益分析、安全投资优化及投资决策理论与方法等。到目前为止，对施工企业安全投资与安全绩效关系的研究多是借鉴煤炭行业安全投资决策的研究方法，将安全绩效作为安全投入的产出，研究二者的函数关系[189]，这些研究对促进施工企业进行安全投资以及优化投资结构具有一定的理论借鉴意义，但对于安全投资对安全绩效产生作用的中间过程和机理没有过多的探讨，本书认为，安全投资是施工企业为达到一定的安全效果对工程项目中涉及的人、物、环境的物质和非物质的投入，这种投入是否产生效果以及如何产生效果则是应当研究的关键问题，因此，本章以施工企业员工为重要研究对象，以员工安全能力作为安全投资与安全绩效作用关系的中介变量，探讨各类安全投资对安全绩效的作用规律，以期为施工企业清晰认识安全投资的作用机理，为其进行合理的安全投资和投资结构优化提供理论支持。

5.2 理论分析与研究假设

5.2.1 安全投资与安全绩效

安全投资是企业投入安全活动的一切人力、物力、财力的总和，并根

第 5 章 安全投资要素辨识与安全绩效作用机理

据投资时间分为事故发生前的预防性投资和事故发生后的控制性投资[42]。多数学者形成共识的安全投资构成要素主要包括：安全教育投资、安全管理投资、安全技术投资、劳动保护投资和工业卫生投资等[51][190]；强茂山等将安全投入分为安全教育、劳动保护、现场安全设施和文明施工四项[83]。本书认为，建筑施工企业安全投资是企业为进行生产建设活动而投入的避免发生安全事故及降低事故发生时产生的损失而进行的投资，只有这样，企业才会综合考虑事故处理发生的损失和事前做预防性投资而进行更好的决策。因此，本章将基于预防事故发生而做的预防性投资和事故发生后为减少损失而做的控制性投资纳入到安全投资体系中。综上，建立安全投资指标体系包括安全教育投资、劳动与环境保护投资、安全技术投资、安全管理投资和事故防治投资五大指标体系，各项投资包含内容如表 5-1 所示。

安全投资要素旋转成分矩阵　　　　　表 5-1

安全投资	题项	成分 1	成分 2	成分 3	成分 4	成分 5
安全教育投资	a1 企业每年对员工安全培训次数		0.847			
	a2 企业定期安全宣传情况		0.841			
	a3 安全保护等资料发放		0.604			
劳动与环境保护投资	b1 员工安全保障品配备	0.515				
	b2 保健急救设施配置	0.675				
	b3 企业为员工定期体检的次数	0.782				
	c1 企业进行尘毒治理的情况	0.695				
	c2 企业对废水、废气、固体废弃物的处置情况	0.825				
	c3 企业对噪声处理的情况	0.396				
	c4 员工饮食住宿等卫生安全情况	0.539				
安全技术投资	d1 现场安全防护装置的配置				0.733	
	d2 安全标志的设置				0.793	
	d3 消防设备的配置				0.824	
	d4 防雷防电装置的配置				0.775	

107

续表

安全投资	题项	成分				
		1	2	3	4	5
安全管理投资	f1 安全管理人员义务履行情况					0.864
	f2 定期安全系统检查					0.527
	f3 安全制度规章落实情况					0.567
事故防治投资	g1 职业病诊治的投入			0.557		
	g2 项目保险的投入			0.742		
	g3 员工工伤等保险的投入			0.682		
	g4 处理事故进行的投入			0.742		
	Cronbach's α	0.882	0.778	0.803	0.731	0.874
	特征值	4.523	3.350	2.951	2.614	1.795
	解释累计总方差	21.537	37.489	51.541	63.990	72.537

安全绩效是企业一段时间内安全事故发生、职业伤害情况和企业安全工作系统整体运行状况的综合[77]。以往对安全绩效评估主要依赖的指标是事故率或伤害率等资料[191]，而对安全投资效益评价也集中在减少经济损失和产生的经济效益等方面[192]，这就使得某些企业认为本企业没有安全事故或者进行安全投资没有产生应有的经济效益而不进行合理的安全投资，最终导致安全生产发生漏洞而导致安全事故。因此，不少学者提出应加强对除安全事故之外的安全绩效评估指标的关注，如安全机构的设置和员工安全行为、安全系统运行等[172][193]，本章认为在测量企业安全绩效时容易导致企业决策的被动性，而将安全系统运行状况纳入测评范围时可以帮助企业及时、主动发现生产过程中的不安全环节，并采取有效措施避免损失发生及扩大。因此，本章在进行安全绩效测评时将其分为结果绩效和安全系统运行状况两部分，结果绩效包括企业事故发生次数、伤亡人数和经济损失等，安全系统运行状况包括企业安全管理制度落实情况、安全纠纷次数和安全评级等。根据上述分析结果提出安全投资与安全绩效的相关假设：

H1：安全投资对结果绩效具有显著的正相关关系；

H2：安全投资对安全系统运行具有显著的正相关关系。

5.2.2 安全投资与员工安全能力

目前关于员工安全能力的研究较少，安全能力多是从关于能力的研究中引申而来，王盼盼等将施工人员安全能力定义为在一个施工现场内，施工人员利用与整合拥有的知识、技能、态度等内在特质，从而使某项工作过程的产生的危害保持在可容许范围内[19]。Mitropoulos 等指出员工安全能力的形成既包括个人技能、身体状况（如体力、反应时间），也包括培训和相关经验的积累[194]。Chang 等建立了安全专业人员的能力模型，并指出安全健康培训和管理对安全能力影响最大[195]。安全能力作为施工企业员工胜任施工作业的能力之一（包括安全意识、态度、知识、技能、经验和体质等），除了受到其自身特质（生理和心理层面）的影响，还受到其所在的环境、教育、组织管理的影响，因此，提出假设：

H3：安全投资对员工安全能力具有显著的正相关关系。

5.2.3 员工安全能力与安全绩效

Chang 在建立安全专业人员安全能力一文中指出安全专业人员的安全能力对安全绩效具有重要作用[195]，Hardison 等也指出安全主管人员的能力对一个项目成功的必要性[196]。此外，虽然有些研究没有明确指出安全能力对安全绩效的影响，但都证实了员工安全态度、安全意识和安全行为对企业安全绩效的影响[197][198]。建筑施工活动归根结底是人创造的过程，在这个过程中，作为一线施工人员，其个人拥有的安全能力是保证施工活动顺利进行并不出现危害的最直接和关键的因素，因此，提出假设：

H4：员工安全能力对结果绩效具有显著的相关关系；

H5：员工安全能力对安全系统绩效具有显著的相关关系。

综上所述，本章提出安全投资与安全绩效作用机理的假设模型如图 5-1 所示。

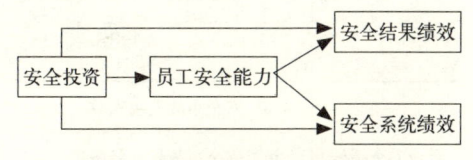

图 5-1　安全投资与安全绩效作用机理假设模型

5.3 数据获取与分析

5.3.1 数据获取与描述性统计

根据上述理论分析与研究假设，设计了相关量表和调查问卷，本次问卷发放地点选取了建筑业比较发达的省市，包括北京、天津、河北、山东、江苏、广东等，问卷发放对象包括施工企业安全管理人员和施工人员。本次问卷发放数量为450份，涉及16个省区共86个项目，问卷收回440份，有效问卷428份，问卷有效回收率95.1%。本次问卷民用项目居多，占项目总类型的46.3%，市政工程占39.3%，工业项目占14.4%。其中民用项目和市政工程相对比较复杂，能涵盖一般项目应有的安全投资，因此样本选取有一定的代表性。所调查的项目结构类型主要分为框架结构、砖混结构、钢结构和其他四种类型，所占比例分别为43.7%、25.2%、10.0%、21.0%。样本项目的结构类型基本涵盖了普通工程项目的类型，对一般工程项目能够做到比较好的描述。

5.3.2 探索性因素分析

在进行结构方程分析前，需要对量表和问卷进行探索性因素分析，主要包括利用 KMO 和 Bartlett 球形度检验量表的效度、利用克隆巴赫系数 Cronbach`s α 进行信度检验以及根据主成分分析法提取因素的因子数目。此项分析通过 SPSS19.0 软件完成，因子旋转矩阵和相关结果如表 5-1 和表 5-2 所示。

安全绩效与安全能力要素旋转成分矩阵　　　　表 5-2

	题项	成分		
		1	2	3
企业安全绩效	m1 安全事故发生次数	0.769		
	m2 安全事故导致经济损失	0.881		
	m3 安全事故导致人员伤亡	0.726		

续表

题项		成分		
		1	2	3
企业安全绩效	n1 安全评级		0.801	
	n2 完善的安全管理制度		0.712	
	o3 安全纠纷		0.526	
员工安全能力	o1 工作环境满意度			0.836
	o2 遵守安全生产规范			0.622
	o3 安全意识			0.703
Cronbach`s α		0.766	0.807	0.892
特征值		2.327	2.124	2.088
解释累计总方差		25.853	49.453	72.653

结果显示，量表整体的 KMO 值为 0.890>0.7，Bartlett 球形度检验 sig=0.000<0.005，安全投资各构成要素除噪声处理外，因子负荷值均大于 0.5，量表的整体克隆巴赫系数为 0.952，且各因素的克隆巴赫系数均大于 0.7，说明量表具有良好的信度和效度。另外旋转成分矩阵显示提取的八个因子的特征值均大于 1.5，累计的解释方差大于 70%，可以进行验证性因子分析，并且在做分析时将噪声处理因子剔除出去。

5.4 基于 SEM 的安全投资与安全绩效作用机理分析

5.4.1 初始模型分析

根据上述理论分析和相关假设，利用 AMOS17.0 构建安全投资对安全绩效的结构方程模型，如图 5-2 所示。结果显示，模型各观察变量与潜变量之间的 P 值均小于 0.001，说明观察变量能较好地反应潜在变量，标准化回归系数均小于 0.95，说明模型通过"违反估计"检验。此外，各项目的极小值和极大值均在 1～5 之间，且其偏度系数和峰度系数均小于 1，说明数据整体符合正态标准，但因为某些数据临界比值大于 1.96，达到显著性水平，表示在单变量峰度系数检验中至少有一个变量峰度系数显著不等于 0，鉴于数据整体符合正态分布，故认为数据通过正态性检验。由于模型没有较好的拟合程度，因此需要对模型进行进一步的修正。

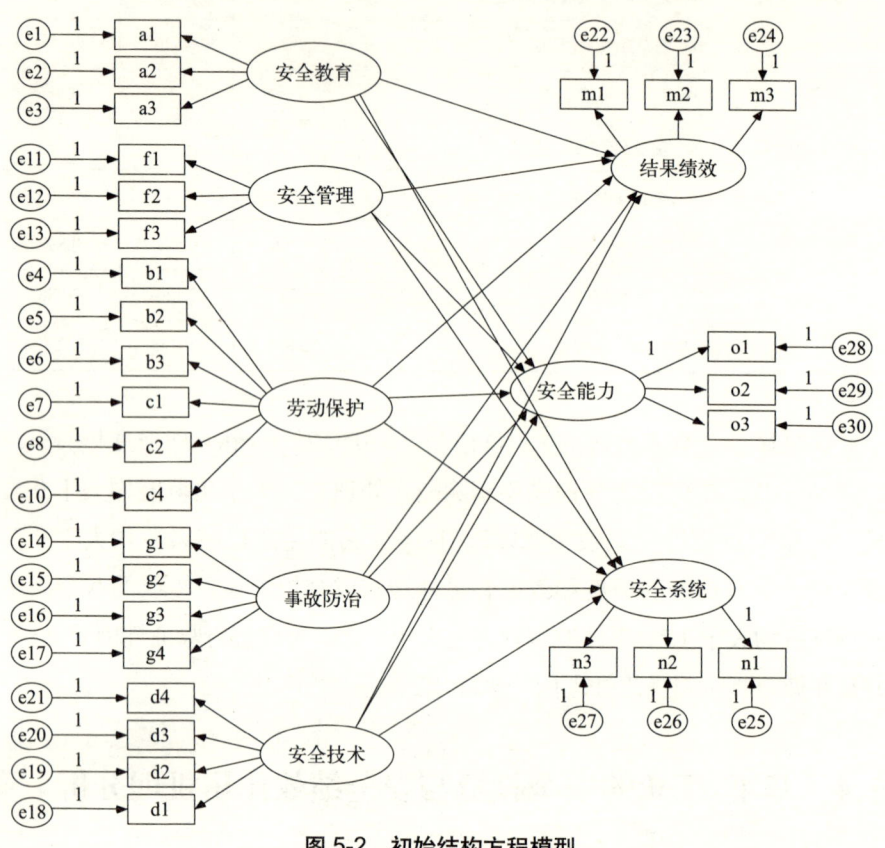

图 5-2　初始结构方程模型

5.4.2　修正后的模型分析

模型修正时首先删除不显著连接关系，其次根据模型输出的修正指标值（MI 值）和估计参数改变量（Par Change）进行修正，将 MI 值较大的误差项之间建立共变关系[199]。结果表明，模型拟合程度有很大改善，修正后的模型如图 5-3 所示，模型修正前后拟合指标如表 5-3 所示。

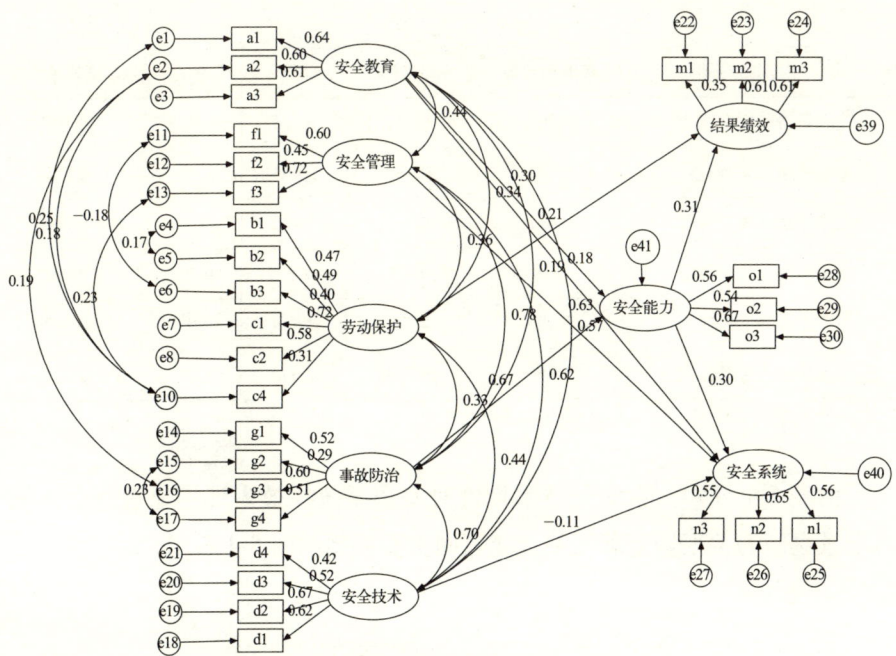

图 5-3　安全投资与安全绩效结构方程模型

模型拟合指标分析　　　　　　　　　　　　　表 5-3

拟合指标	CNIN/DF	RMR	RMSEA	GFI	CFI	PNFI	PGFI
判断值	<2	<0.05	<0.08	>0.9	>0.9	>0.5	>0.5
初始模型	1.749	0.033	0.044	0.898	0.873	0.662	0.739
最终模型	1.559	0.031	0.038	0.911	0.907	0.678	0.737

5.4.3　结果分析

根据结构方程模型输出结果得出各变量回归系数，如表 5-4 所示。

模型相关系数表　　　　　　　　　　　　　表 5-4

变量	标准化系数	标准误	T值	P值	显著性
安全能力←安全教育	0.300	0.080	3.636	***	非常显著
安全能力←事故防治	0.667	0.128	5.986	***	非常显著

续表

变量	标准化系数	标准误	T值	P值	显著性
安全系统←安全能力	0.299	0.123	2.346	*	一般显著
安全系统←安全教育	0.183	0.085	2.003	*	一般显著
安全系统←安全管理	0.627	0.101	4.482	***	非常显著
安全系统←安全技术	-0.107	0.123	-0.830	0.407	不显著
结果绩效←安全能力	0.306	0.075	2.944	**	比较显著
结果绩效←劳动保护	0.206	0.133	2.059	*	一般显著

注：*** 代表 $P<0.001$，** 代表 $P<0.01$，* 代表 $P<0.05$。

由表 5-4 可知，除安全技术投资对安全系统绩效表现不显著外，其他各变量之间的关系均显著相关，变量间主要关系如图 5-4 所示。

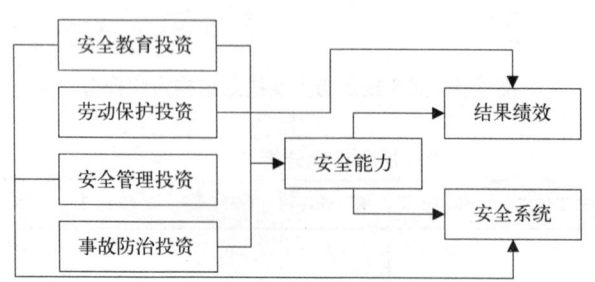

图 5-4 安全投资与安全绩效变量关系图

变量间相关关系解释如下：

（1）员工安全能力对安全系统和结果绩效具有显著的正相关关系，并且员工安全能力对结果绩效的相关性大于对安全系统的相关性，相关系数分别为 0.306、0.299。因为员工大多是导致安全事故发生的直接原因，提高员工安全能力是对提高结果绩效如减少事故伤亡和经济损失最有效的措施，此外，提高员工安全能力如提高施工人员和安全管理人员的安全意识和安全行为水平对整个安全系统的提高也有促进作用。因此验证了假设 H4 和 H5。

（2）安全教育投资和事故防治投资对员工安全能力具有显著的正相关

关系，相关系数分别为 0.300、0.667，因此说明员工安全能力对安全教育投资和事故防治投资与安全绩效的影响起着完全中介作用，加大对安全教育的投资，如提高安全培训次数，加强安全教育宣传对提高员工安全意识，鼓励安全行为，避免不安全行为具有良好的促进作用，而职业病的诊治和相关事故得到良好处理等事故防治性投资也对员工安全绩效的提高有着显著作用。

(3) 安全教育投资和安全管理投资对安全系统绩效的提升具有显著的正相关关系，相关系数分别为 0.183、0.627。安全系统作为企业整体安全水平的体现，加强安全培训和安全宣传、安全管理人员职责的履行和相关安全管理制度的完善对整个安全系统良好运作起到了关键性作用。

(4) 劳动保护投资对结果绩效具有显著的正相关关系，相关系数为 0.206。这主要是因为劳动保护投资是与施工人员人身健康关系最密切的部分，如安全保障品、保健急救措施和环境卫生等，此部分的投资对事故预防和减少事故发生后的经济损失有促进作用。

(5) 安全技术投资对安全系统的关系不显著。这主要是因为安全技术投资与员工个体关系不密切而受到忽视，如安全防护网的设置，员工可能不会意识到它的存在，有的员工甚至会因为有安全防护网存在而掉以轻心，管理人员往往由于安全技术投资是法定常规投资减少相关的安全检查，从而弱化其对安全系统的作用。因此安全技术投资对安全系统的作用往往应配合企业管理层和员工安全意识、安全知识水平的提高而发挥作用。

5.4.4 管理启示

(1) 施工企业在评价安全投资效果（即安全绩效）时应综合考虑安全系统绩效和结果绩效。安全事故发生往往是由各种复杂原因促成的，而在事故发生之前这些原因是潜在未知的，如果单纯从安全事故和经济损失的发生衡量安全投资效果会使企业永远处于被动决策地位，因此应综合考虑企业安全系统运行状况来评价企业的安全投资效果，在事故发生前发现潜在的不利于安全生产的因素来支持企业的安全投资决策。

（2）员工安全能力在安全投资作用过程中起到了一定的中介作用。施工企业应加强以人为本的安全投资，通过加强安全教育投资、事故防治投资及安全管理投资提高员工的安全意识、安全知识等安全能力。

（3）施工企业应注重员工劳动保障品完备和工作环境的安全。劳动保障品的完备和工作环境的安全对减少事故造成的损害和损失都有着不可替代的作用，它在事故发生前后对降低危险都起着关键作用。此外，提高安全技术投资的同时，应注重员工安全知识的培养，使其对相关设施设备能引起关注并安全熟练地进行操作。

第 6 章

建筑施工企业安全投资决策模型构建[①]

[①] 支撑论文：周远，吴秀宇. 建筑施工企业安全投资决策的 RS-SVM 模型研究 [J]. 中国安全科学学报，2015，25（5）：98-102.

在建筑生产过程中，安全投资存在安全收益间接性和滞后性等特征，由于管理者对安全投资和绩效的规律缺乏全面深入理解，导致其在安全投资决策时出现侥幸心理等非理性思维。安全投资不足和投资要素分配不合理是导致建筑施工企业安全事故发生的重要原因。本章建立安全投资决策的 RS-SVM 模型，辨识影响施工企业安全绩效的关键要素，进行安全投资要素与安全绩效的非线性仿真模拟，以期为建筑施工企业合理确定安全投资结构和提高施工安全水平提供决策参考。

6.1 概述

从第 2 章的文献分析可知，近年来国内外学者从不同角度针对建筑施工企业安全投资与安全绩效问题进行了深入探讨，取得了丰富的成果，相关研究主要集中在安全成本、安全投资、安全绩效及其相互关系等方面。但面对众多的安全投资要素，如何确定影响安全投资的关键因素，并在现有安全投资水平下对安全绩效进行预测和评价是应当深入研究的问题。为此，侯立峰等[133]提出了基于层次分析法的安全投资决策优化模型；刘芳等[62]提出了基于灰色关联方法的建筑施工安全投资决策研究；刘霁等[87]提出了从人的因素、管理制度、施工设备和环境条件 4 个维度进行基于结构方程模型的施工企业安全绩效评价。上述研究对施工企业进行安全绩效评价和识别安全投资构成要素提供了理论支持，然而安全投资对安全绩效的线性或非线性以及动态性的关系并不确定，其所依据的函数关系未能很好地反映安全投资关键因素与安全绩效之间的作用规律。鉴于此，本章将建立安全投资决策的 RS-SVM 模型：首先采用粗糙集（Rough Set，RS）属性约简的方法辨识影响施工企业安全绩效的关键要素，然后利用支持向量机（Support Vector Machine，SVM）方法构建安全投资决策的 SVM 模型，进行安全投资要素与安全绩效的非线性仿真模拟，为建筑施工企业进行安全投资科学决策提供指导。

6.2 建筑施工企业安全投资关键影响因素提取

6.2.1 研究设计与描述性统计

为获取研究所需数据，本章参考国内外文献的相关成果把实证分析的考察对象设计成调查问卷的形式，调查问卷分为两部分：第一部分是针对安全投资要素设计的题项，第二部分是针对安全绩效设计的题项。问卷题目采用李克特量表5分制的刻画标准，即每道题目有5个备选选项供被调查者选择。为尽可能提高问卷的信效度，首先采用了专家调查法把初步拟定的调查问卷发放给了5位与本领域研究相关的高校教师，以及3位建筑施工企业的经理，根据反馈的结果对问卷进行修改，然后再把修改后的问卷发放进行调查，量表内容如表6-1所示。为合理安排研究样本和尽可能覆盖不同地域的调查对象，本次调查样本来自北京、天津、山东、河北等我国建筑业比较发达的省份和直辖市的86个工程项目，问卷发放者都是事前经过专业培训的在校本科生和硕士生，以便在调研过程中能够对问卷设置的题项和调查对象提出的问题给予必要解释，从而保证所填问卷能较好地反映施工现场情况。

安全投资要素和安全绩效测量内容　　　　表6-1

指标	维度	题项	α系数	KMO
安全投资要素	安全教育	安全培训次数、安全宣传、劳动保护资料的发放	0.763	0.887
	劳动保护与安全技术	员工安全保障品配备、保健急救设施的配备、现场安全防护装置的配置、安全标志的设置、消防安全设备的配置、防雷防电装置的配置、员工饮食住宿等卫生安全情况、企业对三废、尘毒和噪声处理的设备配置	0.685	
	安全管理与监督	定期系统安全检查、安全管理制度落实、企业对监理人员安全监管的配合、业主和行政部门的监督	0.655	
	事故防治	项目保险投入、工伤保险投入、处理安全事故的投入	0.607	
安全绩效	安全事件	安全事故发生次数、安全事故导致经济损失、安全事故导致人员伤亡、安全纠纷次数	0.678	
	绩效评价	企业安全状况总体评价	0.772	

此次调查共发放问卷450份，收回问卷440份，回收率为97.8%，剔除明显无效问卷以及空白问卷12份，实际回收的有效问卷为428份，有效回收率为95.1%。把回收问卷的答案进行整理、合并和汇总，绘制得到一张二维表。本次问卷的调查对象分布在工业建筑工程、民用建筑工程和市政公用行业建筑项目，所占比例分别为14.4%、46.3%、39.3%，研究样本的项目结构涵盖砖混结构、钢结构、框架结构和其他四种类型，所占比例分别为25.3%、10.0%、43.6%和21.1%，项目结构基本包括了普通工程项目的类型，样本结果能够较好描述一般工程项目的基本情况。

为保证样本数据具有较高的有效性和可靠性，应当对问卷设置的题项结构和测量结果进行信效度检验。信度分析用于检验调查问卷获取数据的稳定性。本章通过SPSS软件对问卷考察变量进行信度检验，表6-1的结果显示安全投资要素与安全绩效各分项的Cronbach's Alpha数值均超过0.6，整体层面的Cronbach's Alpha数值大于0.7，表明问卷具有较高的内部一致性，可信度较好。

问卷的效度检验能够反映出观测的有效程度或观测的准确性，主要进行结构效度分析，其主要功能是从二维表全部题项（变量）中提取某些公共因子，能够代表观测表的基本结构。同样利用SPSS软件对问卷进行KMO and Bartlett's Test效度分析，表6-1的结果显示量表的KMO值为0.887，同时Bartlett检验较显著（Bartlett球形度sig=0.000<0.005），说明问卷题项间的属性结构良好，符合使用和数据分析要求。

6.2.2 粗糙集理论的属性约简功能

20世纪70年代初，波兰逻辑学家Pawlak开始对以数据形式表述不完整、不精确的知识和信息进行分类分析，这一做法成为粗糙集理论产生的基础。1982年，Pawlak发表了题为Rough Set的论文，标志着粗糙集理论的正式产生，其认为粗糙集的最大特点在于不需要提供问题所需处理数据之外的任何已知先验信息[200]。由于粗糙集理论的特殊性，迅速在管理科学、粒计算、数据挖掘等领域得到推广，并与遗传算法、神经网络等方法相结合成为应用学科领域的研究热点。

目前，国内外学者对粗糙集性质的研究主要集中在决策表属性、拓扑结构、粗糙集逻辑等方面，其构成了粗糙集形成和发展的基础。已有研究表明传统的粗糙集理论存在只能处理离散数据的缺陷，所以近期对其的关注焦点之一是连续属性的离散化问题，在此过程中产生了数据预处理理论。数据预处理的一项重要内容是面向不完备系统的，在很多情况下，需要处理的信息表是不完备的，表中的某些属性值由于各种原因被遗漏且无从查询其原始值，这时需要补齐信息表中的遗漏数据，数据预处理给出了多种解决方法。数据补齐方法认为，在现实生活中由于传输介质、人为因素等原因全部属性值都能获得的概率很小，导致关于研究对象集合的描述是不完全的，需要将不完备系统转化为完备系统。因此，现有的粗糙集模型为研究属性问题而采用的调查问卷法提供了理论依据，调查的对象只是典型样本，由于调查对象不一致或是人为引起调查无效等原因，导致回收的调查数据是不全面的。剔除掉明显的无效调查数据后，数据补齐功能在一定程度上可以弥补所需数据的残缺性。粗糙集理论发展到现在，已成为一种处理不确定性和模糊知识的数学工具，其主要思想是在保持分类能力不变的条件下，通过知识约简，得到问题或属性的分类和决策规则[201]。

(1) 知识库和不可区分关系

设 $S \neq \phi$ 是所考察对象组成的有限集合 (Set)，称为论域。任何子集包括空集 $X \subseteq S$，称之为论域 S 中的一个范畴或概念。S 中的任何概念族称之为关于 S 的抽象知识，简称知识。一般情况下，传统粗糙集理论仅对在 S 中能形成分类的知识感兴趣。定义一个划分 $G=\{X_1, X_2, \cdots, X_n\}$，满足对于任意的 $i \neq j$ $(i, j=1, 2, \cdots, n)$，$X_i \subseteq S$，$X_i \neq \phi$，且 $X_i \cap X_j = \phi$，那么对于 S 上的这样一族划分称为关于 S 的一个知识库。所以在实际应用中，知识库表达了研究者需要的一个或一组基本分类方式（如按照形状、颜色等划分），其形成了该研究者所需的定义与考察背景或本身的关系的基础元素。

设 R 是论域 S 上的一个等价关系，S/R 表示 S 中的所有分类（或 R 的所有等价类）构成的集合，定义 $[x]_R$ 表示包含元素 $x \in S$ 的 R 等价类，其属于 R 中的一个范畴。换句话说，如果 R 是由论域 S 上的划分 $\{X_1, X_2, \cdots, X_n\}$ 表达的等价关系，那么 (S, R) 称为近似空间，我们用 $\text{des}\{X_i\}$ 来表示 S 上关于 R 的一个等价关系 X_i 的描述。因此一个知识库就是一个关系系统 $K=(S, R)$，其中 S 为非空的有限集合（论域），R 是论域 S 上的一族等价关系。

若 $P \subseteq R$，且 $P \neq \phi$，则 P 中所有等价关系的交集 $\cap P$ 也是一个等价关系，称之为 P 上的不可区分关系，简记为 $\text{ind}(P)$，并且有下式成立：

$$[x]_{\text{ind}(P)} = \bigcap_{R \in P} [x]_R \tag{6-1}$$

于是，等价关系 $\text{ind}(P)$ 的所有等价类 $S/\text{ind}(P)$ 表示为等价关系族 P 相关的知识，称为关系系统 $K=(S, R)$ 中关于 S 的 P 基本知识（或 P 基本集）。为表述方便，把 $S/\text{ind}(P)$ 记为 S/P，$\text{ind}(P)$ 的所有等价类称为知识 P 的基本范畴或基本概念。需要特别指出，如果 $Q \in R$，则称 Q 为关系系统 K 中关于 S 的 Q 初等知识，相对应 Q 的等价类为知识 R 上的 Q 初等范畴或 Q 初等概念。当然，对于空集 ϕ 也是知识库 $K=(S, R)$ 中的基本范畴族。从上述分析可以看出，P 基本范畴是拥有知识 P 的有限集合的基本特征，它们是知识的基本模块。

粗糙集理论正是根据研究对象所具有的信息，即属性的取值，将其划分为不同的类别。如果两个对象具有相同的属性取值，那么两者是一种等价关系，由于它们是不可区分的，根据现有的信息不能将它们分开。等价和不可区分关系是粗糙集理论的基本概念，在此基础上引入近似区间、精度、粗糙度等概念来刻画关系系统中存在的不确定性。

(2) 粗糙集的引入

令 $X \subseteq S$，R 为 S 上的一个等价关系，当 X 能表达成某些 R 基本范畴的并时，则称 X 是 R 上可定义的。由于 R 可定义集是论域 S 的子集，故其可在系统 K 中精确地定义，因此 R 可定义集也称为 R 精确集；相反则称 X 是 R 上不可定义的，也称作 R 粗糙集。

给定知识库 $K=(S, R)$，对于其中每个子集 $X \subseteq S$ 和其一个等价关系 $R \in \text{ind}(K)$，考虑两个子集：

$$R_-(X) = \cup \{Y \in S/R | Y \subseteq X\} \tag{6-2}$$

$$R_+(X) = \cup \{Y \in S/R | Y \cap X \neq \phi\} \tag{6-3}$$

分别称它们为 X 的 R 下近似集和 R 上近似集。

第6章 建筑施工企业安全投资决策模型构建

按照前文的表达方式，下、上近似也可由以下两式给出：

$$R_-(X) = \{x \in S \,|\, [x]_R \subseteq X\} \tag{6-4}$$

$$R_+(X) = \{x \in S \,|\, [x]_R \cap X \neq \phi\} \tag{6-5}$$

粗糙集里把 $R_+(X)-R_-(X)$ 称为 X 的 R 边界域，$R_-(X)$ 称为 X 的 R 正域，$S-R_+(X)$ 称为 X 的 R 负域。R 正域是对于系统 K 中一定能归入 X 的所有元素的集合，$R_+(X)$ 是系统 K 中可能归入 X 的元素的集合，而 R 负域是系统 K 中不能归入 X 的元素的集合。显然，根据精确集和粗糙集的定义，当 $R_-(X) = R_+(X)$ 时 X 为 R 可定义集，相反当 $R_-(X) \neq R_+(X)$ 时 X 为 R 的粗糙集。

这样，范畴就成为了可以用现有知识表达的信息项，也就是用知识可表达的具有相同性质的属性的子集。一般情况下，在给定的系统中，并不是所有子集都能构成范畴，也就是上文定义的粗糙集，这时它只能用上下近似集来粗略地表示。

上述分析表明在粗糙集中，边界域的存在造成了集合中的不确定性，集合 X 的边界域越大，其精确性越小。为了更准确地衡量这一点，我们引入近似精度的定义。设集合 X 为论域 S 上的一个关于 R 的粗糙集，定义集合 X 的近似精度为：

$$\alpha_R(X) = \frac{|R_-(X)|}{|R_+(X)|} \tag{6-6}$$

式中 $|*|$ 表示集合 $*$ 的基数。

近似精度 $\alpha_R(X)$ 用来反映研究者对集合 X 的知识的熟悉完全程度，显然 $0 \leq \alpha_R(X) \leq 1$。当 $\alpha_R(X)=1$ 时，X 的 R 边界域不存在，这时集合 X 为 R 可定义的；当 $0 \leq \alpha_R(X) < 1$ 时，X 的 R 边界域非空，这时 X 是 R 上的粗糙集。

相反，我们称近似精度 $\alpha_R(X)$ 的互补形式 $\rho_R(X)=1-\alpha_R(X)$ 为 X 的 R 粗糙度，其含义与近似精度恰恰相反，表示集合 X 中的知识的不完全程度。很明确，当 $\rho_R(X)=0$，集合 X 为 R 可定义；如果 $0<\rho_R(X) \leq 1$，X 为 R 上的粗糙集。

从以上分析可以看出，不精确性（粗糙）的数值表示的是不完全知识的结果，该数值不是事先假定的，而是通过定义知识的不完全性近似计算得到的，其基本理念是采用分类来处理信息，不需要用指定的精确数值去表达不完全的知识,不精确的数值用来反映概念的精确度,这正是粗糙集理论的基本思想[202]。

(3) 知识约简

知识约简是粗糙集理论的核心内容之一。由于关系系统中知识的地位并不是同等重要的,甚至可能存在冗余知识,因此需要在保持知识库分类能力不受影响的前提下,剔除其中不重要或不相关的知识,这就是知识约简功能。

知识约简中有两个基本概念:核和约简。设 R 为一族等价关系,若 $r \in R$,满足 $ind(R)=ind(R-\{r\})$,则称 r 为 R 中不必要的(或可省略的);否则称 r 为 R 中必要的(或不可省略的)。若每一个 $r \in R$ 都是 R 中必要的,那么称 R 是独立的。

设 $Q \subseteq P$,如果 Q 是独立的,并且满足 $ind(Q)=ind(P)$,则称 Q 是 P 的一个约简。P 中所有必要关系组成的集合称为 P 的核,记作 $core(P)$。定义 $red(P)$ 表示 P 的所有约简,可以证明 $core(P)=\cap red(P)$。可以看出,核这个概念包含在所有的约简当中,因此可以作为所有约简的计算基础,同时在知识约简中可以把核理解成是不能约去的知识特征的集合。

引入核和约简的概念之后,若等价关系族 R 不是独立的,即为依赖的等价关系族,那么我们可以对知识的依赖性进行描述:令 $K=(S, R)$ 是一个知识库,$P, Q \subseteq R$,有①当 $ind(P) \subseteq ind(Q)$,则有知识 Q 依赖于知识 P(简记为 $P \Rightarrow Q$);②当 $P \Rightarrow Q$ 和 $Q \Rightarrow P$ 同时成立时,知识 P 与知识 Q 等价;③当 $P \Rightarrow Q$ 和 $Q \Rightarrow P$ 同时不成立时,知识 P 与知识 Q 独立。那么由上述三个描述可以得到,当且仅当 $ind(P)=ind(Q)$ 时,知识 P 与知识 Q 等价。因此,在给定知识库中,当知识 Q 依赖于知识 P 时,知识 Q 是多余的,在这种情况下,知识 P 与知识 $P \cup Q$ 提供相同的属性特征。

(4) 决策表与属性约简

设 $S \neq \phi$(论域)是所考察对象组成的有限集合,$A \neq \phi$(属性集)是属性的有限集合,V 是所有属性的值域的并集,定义信息函数 $f: S \times A \rightarrow V$,表示为每个考察对象的每个属性赋予一个数值,那么四元组 $T=(S, A, V, f)$ 构成一个信息系统。信息系统也称为属性表或决策表,以一张二维表或关系表来表示，表的行与列对应考察对象和对象选择的属性，每个对象的信息通过表中的数值来体现，数据表可以通过调查、测量或观察得到。因此一张关系表就表示一个知识库，上述讨论的问题都可以用属性的分类来表示，这时知识约简转化为了属性约简。

为了找出决策表中某些属性（或指标）的重要性，需要对决策表中的属性进行约简，以考察剔除掉该属性后分类会怎样变化。如果约去某属性后对应的分类变化较大，说明该属性的重要性较高，反之说明该属性的重要性低。也就是说，决策表的约简就是简化条件属性，化简后的决策表有更少的属性，但与化简前的决策表功能相当，说明剔除掉的属性重要性较低，所以这就涉及了化简规则问题。一般来说，决策表的约简方法可以是垂直约简或水平约简，其原理简单，但操作的条件比较苛刻，直观上难以实现。粗糙集理论提出了区分函数的方法来实现决策表的属性约简，其利用区分矩阵和布尔函数得到属性极小子集。该方法从理论上不仅能得到多个属性约简子集，还可从区分矩阵中得到计算属性约简基础的核属性，其属性约简的原理和算法已经编制成为 Rosetta 软件中的程序之一。该方法出现后，使得粗糙集理论在数据挖掘、问卷调查等方面得到广泛应用[203]。

6.2.3 建筑施工企业安全投资影响因素的约简分析

借助粗糙集理论和 Rosetta 软件对回收的 428 份有效调查问卷数据进行挖掘分析。Rosetta 软件是一个基于粗糙集理论框架下用于分析表格数据的工具箱，由结构和算法两部分组成，提供了粗糙集理论中常见的属性约简和规则算法等功能，能将数据进行离散化、补齐、约简计算、规则修剪以及分类评估等。

根据粗糙集理论将数据中的属性分为条件属性和决策属性，分析的条件属性即建筑施工企业安全投资的影响因素，依照问卷第一部分安全投资要素的题项设置得到的影响因素为条件属性；决策属性即建筑施工企业安全绩效的评价值，是被调查者对企业进行安全投资后得出的安全绩效评价，条件属性和决策属性都采用 5 分制的刻画标准。利用 Rosetta 软件中最高可信度补齐算法和平均值补齐算法相结合的方法对问卷数据二维表中存在的属性数据缺失问题进行补齐，然后采用频率划分算法（Equal Frequency）对数据进行离散化处理，最后运用遗传算法（Genetic Algorithm）对数据进行属性约简，得到9条属性约简结果，分别是：安全培训次数、安全宣传、保健急救设施、消防安全设备、定期系统检查、与监理人员的配合、业主的监督、行政部门的监督、工伤保险投入，构成了影响建筑施工企业安全投资的重要因素，如表6-2所示。通过梳理表6-2的结果，表明了各个因素在建筑施工企业安全投资中的重要地位，这些影响因素也基本确定了提高建筑施工企业安全绩效的方向。

建筑施工企业安全投资的关键影响因素　　　　　　　表6-2

维度	影响因素	描述
安全教育	安全培训次数	企业组织投入安全培训的情况
	安全宣传	企业用于安全宣传的投入
劳动保护	保健急救设施	为防范行业内传统安全风险而投入的保障品
安全技术	消防安全设备	用于火灾预防的投入
安全管理	定期系统检查	企业对安全系统的更新及维护情况
安全监督	与监理人员的配合	企业为达到安全标准与监理人员配合的投入
	业主的监督	企业为达到业主对安全要求的投入
	行政部门的监督	企业为达到行政部门对安全要求的投入
事故防治	工伤保险投入	企业对员工的工伤保险投入

6.3 基于SVM的安全投资影响因素与安全绩效的回归拟合

6.3.1 拟合分析结果

在根据粗糙集理论筛选出9个建筑施工企业安全投资关键影响因素的基础上，借助支持向量机（SVM）理论构建安全投资—绩效决策模型。SVM是从线性可分情况下的最优分类超平面发展而来，在数学上归结为一个求解具有不等式约束条件的二次规则问题,在此基础上演化到线性不可分的支持向量机,通过引入核函数起到降维简化的目的。依据 SVM 理论的工作原理(见第 3 章 3.3 节),将上文 Rosetta 软件运行得到的 9 个关键变量作为建筑施工企业安全投资—绩效决策模型的输入变量,把回收的 428 份有效问卷中的最后一个题项被调查人对建筑企业安全状况的总体评价结果作为决策模型的输出变量,建立安全投资—绩效决策指标体系,如表 6-3 所示。

建筑施工企业安全投资—绩效决策指标体系　　　　表 6-3

	维度	影响因素
影响因素	安全教育	安全培训次数
		安全宣传
	劳动保护	保健急救设施
	安全技术	消防安全设备
	安全管理	定期系统检查
	安全监督	与监理人员的配合
		业主的监督
		行政部门的监督
	事故防治	工伤保险投入
绩效指标		项目安全总体评价

在建立指标体系的基础上,利用 Libsvm 工具箱对建筑施工企业安全投资影响因素与安全绩效进行回归拟合。训练数据选取安全投资影响因素的前 350 个调查样本作为自变量,将项目安全总体评价的前 350 个调查样本作为因变量,然后选取第 351 个至第 428 个调查样本作为测试变量。首先使用 mapminmax 函数分别对训练数据集及测试数据集进行数据归一化处理,然后确定 SVM 的惩罚系数 c 和核函数半径 g 两个参数,在此基础上选择回归的最佳参数。回归问题的参数选择在 libsvm 工具箱中依靠 SVMcgForRegress 函数来实现,其函数接口为:

[mse, bestc, bestg]=SVMcgForRegress (train_label, train, cmin, cmax, gmin, gmax, v, cstep, gstep, messtep)

其中：

train_label：待回归变量，要求与 libsvm 工具箱中要求一致；

train：自变量，要求与 libsvm 工具箱中要求一致；

cmin：惩罚参数 c 的变化范围的最小值（取以 2 为底的幂指数后），即 c_cmin=2^（cmin），默认值为 −5；

cmax：惩罚参数 c 的变化范围的最大值（取以 2 为底的幂指数后），即 c_cmax=2^（cmax），默认值为 5；

gmin：参数 g 的变化范围的最小值（取以 2 为底的幂指数后），即 g_min=2^（gmin）默认值为 −5；

gmax：参数 g 的变化范围的最小值（取以 2 为底的幂指数后），即 g_max=2^（gmax）默认值为 5；

v：Cross Validation 的参数，即测试集分为几部分进行 Cross Validation，默认值为 5；

cstep：参数 c 步进的大小，默认值为 1；

gsteo：参数 g 步进的大小，默认值为 1；

msestep：最后显示 MSE 图时的步进大小，默认值为 0.1；

mse：Cross Validation 过程中的最低的均方误差；

bestc：最佳的参数 c；

bestg：最佳的参数 g。

利用 SVMcgForRegress.m 的精细选择方式寻找回归的最佳参数，参数结果如表 6-4 所示，以及相应的等高线和 3D 图如图 6-1 所示。

SVM 参数选择结果　　　　　　　　　　　表 6-4

选择方式	Bestc	Bestg	MSE
精细选择	16	0.25	0.0040852

根据精细选择方式得到的最佳参数 c 和 g 的数值对 SVM 进行训练，最

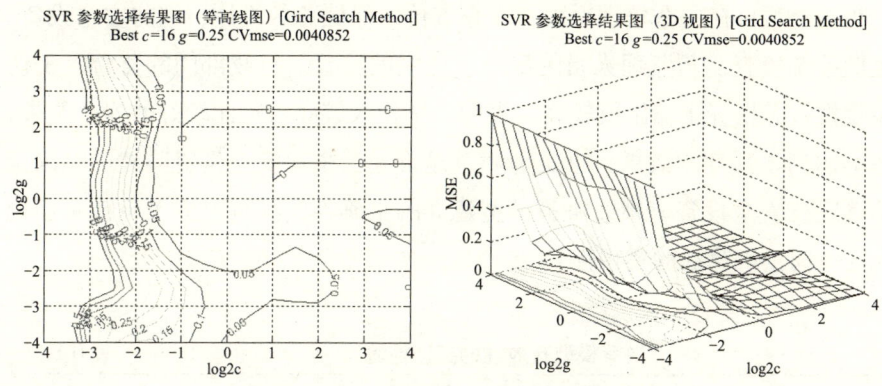

图 6-1　精细选择方式的等高线及 3D 图

后对自变量（安全投资影响因素）与因变量（安全评价）的原始数据进行回归预测。利用该模型和预测命令 svmpredict 得出的结果表明，该模型预测的均方误差 MSE=0.000334496，相关系数 R=99.7455%，精度较高，符合模型要求。变量原始数据和回归预测对比如图 6-2 所示。

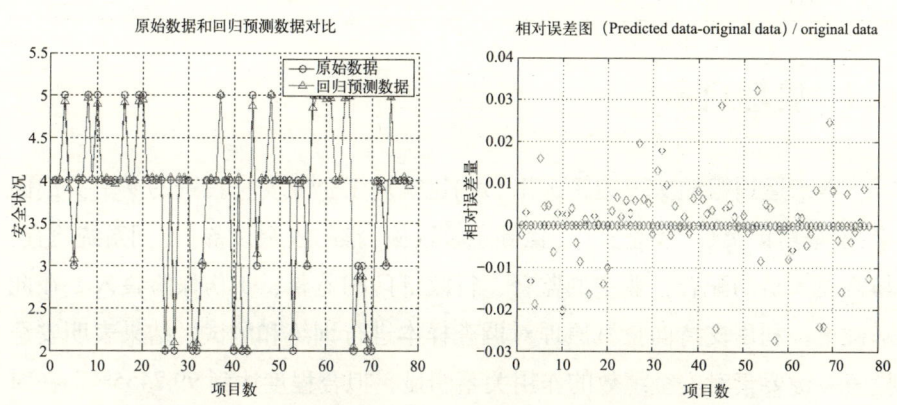

图 6-2　原始数据和回归预测数据对比和相对误差图

6.3.2　测试检验

为判断 SVM 训练和拟合预测的有效性，把调查对象中的 6 个项目的预测输出和实际输出数值进行对比，如表 6-5 所示。通过 6 个项目的实证分析，证明6个项目在安全培训次数、安全宣传、保健急救设施、消防安全设备、定期系统检查、与监理人员的配合、业主的监督、行政部门的监督、工伤保险投入等指标上输出值较高，表明安全投入较高带来比较好的安全绩效，基本达到了预期的效果。事实证明了建筑施工企业安全投资关键影响因素筛选以及安全投资—绩效决策模型建立的正确性，同时验证了粗糙集理论和支持向量机算法的实用性。

决策模型有效性的实证检验　　表6-5

项目名称	预测输出	实际输出	误差绝对值	是否达到期望效用
小区A	4.384972	4.4	0.015028	是
生活配套区B	3.984491	4	0.015509	是
搬迁项目C	4.145653	4.166667	0.021014	是
住宅楼D	4.561985	4.6	0.038015	是
公租房E	4.025488	4	0.025488	是
车站F	3.368759	3.333333	0.035426	是

6.4 管理启示

本章运用粗糙集理论筛选出影响建筑施工企业安全投资的9个关键因素：安全培训次数、安全宣传、保健急救设施、消防安全设备、定期系统检查、与监理人员的配合、业主的监督、行政部门的监督、工伤保险投入。在此基础上，利用支持向量机原理对调查样本进行训练和测试，结果表明安全投资关键要素对安全绩效的作用关系明显，拟合程度达到99.7455%，在对典型项目进行安全绩效的预测也验证了模型的准确性和实用性。基于上述研究成果得出如下启示：

第一，建筑施工企业应重视安全预防投资。安全预防投资主要包括对安全培训、安全宣传、保健急救、消防安全、定期系统检查等方面的投资。基于安全教育和事故预防对安全生产的重要性，企业在日常活动过程中应定期对员工进行安全培训，使其掌握必要的事故预防和紧急规避措施，加大对建筑施工安全意识的宣传力度，同时按照安全生产标准配备足够的急救设施并及时更新维护。

第二，加强施工作业的事中监督。事中监督主要包括与监理人员的配合、业主的监督以及行政部门的监督等方面，实时而严格的监督是安全生产的重要保障。发挥监理人员、业主方和行政部门监督的作用，督促施工企业按照安全标准、行政规范和业主要求生产，一方面可以降低安全事故的发生，另一方面能够减少因作业生产未达到相关要求而招致纠纷或处罚的非合规成本。

第三，建立必要的风险转移机制。风险转移主要指施工企业在工伤保险方面的投资。施工企业可以通过给员工购买必要的工伤保险、为建筑标的物购买火灾险等手段，实施事故风险转移策略，既可以降低风险事故发生时建筑企业的损失，还能增强员工的安全保障程度，为实现安全生产创造积极的外部环境。

通过本章研究可以看到，运用RS-SVM模型能有效预测施工安全绩效。建筑施工企业可以根据自身的安全投资特点，应用RS-SVM模型预测本企业的安全绩效状况，及时针对薄弱环节作出诊断并完善，同时应当从事前预防、事中监督和风险转移等方面完善安全投资机制。当前多数建筑施工企业没有有效的安全投资与绩效评价机制，从而难以判断现有的安全投资是否合理，建筑施工企业如何建立完善有效的安全投资与安全绩效评价机制是未来应进一步研究的方向。

第 7 章

建筑企业施工安全系统脆弱性分析[①]

---

① 支撑论文：李书全，吴秀宇，袁小妹，周远.施工企业安全系统脆弱性的 BP-SD 仿真研究 [J].中国安全科学学报，2014，24（9）：26-32.

为提高施工企业对安全系统的管理能力，本章针对施工安全环境的复杂多变性和安全管理的局限性，建立了安全系统脆弱性的系统动力学仿真模型，采用误差反向传播（BP）神经网络结合平均影响值（MIV）算法确定了模型相关因素之间的参数，并就各因素对安全系统脆弱性影响的敏感性进行了仿真分析，从而为施工企业提高安全系统水平提供理论支持。

7.1 概述

近年来，建筑业的迅猛发展导致建筑安全事故频繁发生，尤其是施工安全事故。据统计，2017 年全国共发生房屋市政工程生产安全事故 692 起、死亡 807 人，较去年分别上升了 9.15% 和 9.80%[①]。建筑业成为仅次于煤矿行业的高危行业之一。减少安全事故的发生，提高施工企业安全管理能力一直是国内外学者研究的热点，研究主要集中在企业安全绩效的测评与影响因素探析、安全投入资源或资金的优化配置、安全管理技术的理论与方法等。近年来理论上的创新之处有：将个人和组织层面的安全行为、安全系统的运行作为安全绩效的测评要素，把安全文化、氛围等作为影响安全绩效的因素之一；把安全投入的预防性投入，如保险投入，作为降低安全成本的手段之一；在安全管理方面，引入了人工智能和现代管理方法。这些理论和方法虽在一定程度上有助于施工企业进行安全施工，但又往往由于忽视施工活动的系统性而难以全面细致地进行安全作业指导和安全预警。事故致因理论指出了导致安全事故发生的因素主要有人为失误、设备缺陷、管理缺陷和不良环境等[1][2]，较全面地论述了安全事故的诱发因素，但面对复杂多样的企业环境，在指导施工企业具体安全管理实践方面又有一定的局限性。因此，本章以事故致因理论为基础，结合脆弱性理论，建立施工企业安全系统的脆弱性模型，采用系统动力学方法对影响安全系统脆弱性的因素进行实证分析。为增加科学性，采用 BP 神经网络结合 MIV 算法对问卷获取的数据进行训练，从而确定因素间的相关系数，并对不同因素对

---

① 数据来源于住房和城乡建设部事故通报。

安全系统脆弱性影响的敏感性进行仿真分析，分析结果为施工企业评价自身安全系统脆弱性，识别影响安全系统脆弱性的主要因素，提高系统安全性和企业安全管理能力提供理论支持和实践引导。

7.2 研究设计和数据获取

7.2.1 研究设计

（1）事故致因理论和安全系统

1980 年，Heinrich 在其著作《工业事故预防》一书中提出因果链理论，指出遗传及社会环境、人的缺点、人的不安全行为或物的不安全状态、事故和伤害组成了事故因果连锁关系[1]。他认为，任何一种伤害或事故的发生是由于前述三个因素相继发生导致的，而使其中任何一个因素不发生都会导致伤害的中止。Bird and Frank 在因果链理论的基础上提出了新的事故因果连锁理论[2]，包括管理缺陷、个人及工作环境、直接原因、事故和损失，他与 Heinrich 不同，将管理者和技术人员的因素而不是操作员工个人因素看作导致事故发生的关键原因。此后还产生了能量转移理论、动态变化理论、交叉理论等，但不外乎将事故致因归结为人、物、管理和环境四大因素。

安全系统理论是以事故致因为基础理论，采用系统论的分析方法，对与安全相关的活动进行分析，识别可能引起危险或事故的各种因素及其对系统安全的影响。而安全系统包括的内容因研究角度、研究对象不同而差异加大，刘素霞等在安全绩效综述性文章中指出安全系统至少应包括员工安全教育、安全设备设施、安全检查等[77]。本章以事故致因理论为基础，结合前人研究，将安全系统分为员工系统、技术和设备系统、管理系统和环境系统，四大系统相互联系、相互影响，共同构成了完整的安全生产系统。

（2）脆弱性理论和安全系统脆弱性

1981 年，Timmerman 在针对地学领域首次提出脆弱性一词，他认为脆弱性是系统受到灾害事件时的负面回应的程度，并且由系统的弹性控制负面回应的质与量，该弹性表明系统从该灾害事件中恢复的能力[34]。Gallopin

指出脆弱性是系统对于外界扰动的敏感性和反应能力[35]。政府间气候变化专门委员会第五次评估报告首份报告指出，脆弱性是指受到不利影响的倾向或趋势，可通过敏感性和应对能力表现出来[204]。Wolf 等认为脆弱性是对未来可能发生的损害的度量[205]。虽然在气候变化、贫困、自然灾害、社会经济领域中得到了广泛应用，但其在理论上仍没有明确定义。国内学者认为系统脆弱性是由于系统对系统内外各种扰动的敏感性以及缺乏应对不利扰动的能力而使该系统容易受到损害的一种本质属性，在系统遭受扰动时这种属性才表现出来[206][207]。

安全系统脆弱性是指安全系统在遭受外界扰动时表现出的敏感性和应对能力。刘铁民从火灾频发的角度研究城市公共安全系统脆弱性[208]，他认为脆弱性是公共安全体系的结构性缺陷，不能把事故的发生归结于某个人或者某个事件，而应从制度化建设入手，克服系统的脆弱性。韩豫和成虎从脆弱性和耗散结构理论分析了地铁运营系统的脆弱性，指出干扰和暴露是事故发生的先决条件[209]。我国施工企业安全事故频发，但存在着"头疼医头、脚痛医脚"的弊病，而从脆弱性角度分析施工企业安全系统却鲜有研究，从而无法从根本上克服系统脆弱性，这也正是本章所要研究的问题。

根据上文相关理论和文献的分析，本章建立了施工企业安全系统脆弱性概念模型，如图 7-1 所示。

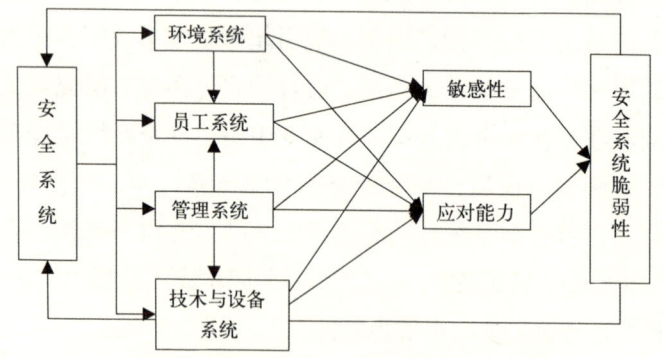

图 7-1 施工企业安全系统脆弱性概念模型

其中，安全系统由员工系统、技术与设备系统、管理系统和环境系统四个子系统组成；系统脆弱性分为系统的敏感性和应对能力。四个子系统对系统脆弱性以及子系统之间的影响程度通过对施工企业调查获取的数据计算得出，因此首先需要确定调查量表和问卷，根据概念模型和文献分析进行量表设计，量表内容阐述如下：

①员工系统。正如事故致因理论所表述的，个人因素一直被认为是导致事故发生的关键因素。而个人因素既包括个人操作的原因也包括个人思维层次的原因，即既包括员工安全行为也包括员工安全意识和知识层面，此外员工对工作环境的满意度也在一定程度上影响安全行为的体现。

②技术与设备系统。人的不安全行为与物的不安全状态在安全系统中具有同样重要的位置。在安全施工过程中，涉及众多大型复杂设备，有的需要专业的技术及安全防护措施，如员工安全保障品、安全标志配置、消防设备及防雷防电设备等构成了技术与设备系统。

③管理系统。对于大多数企业，完全靠技术和设备的安全或者员工的安全行为来保证安全系统运行是不现实的，因此需要企业管理的努力。尤其包括施工企业在内的高危行业，需要设置专门的安全管理人员来保证整个安全活动顺利进行。管理系统包括安全管理人员是否按规定履行义务，定期进行系统检查，是否具有完善的安全管理制度等。

④环境系统。环境系统包括企业内部环境和企业外部环境，一个良好的环境系统促进企业安全文化或安全氛围的形成，在无形之中支持引导整个安全系统的运行。企业内部环境包括员工饮食、住宿卫生安全情况、尘毒治理、噪声处理、废水、废气、固体废弃物处理等；企业外部环境主要指外部主体对企业安全活动的监督情况，包括业主、监理单位和政府对施工企业安全监督或监管义务的履行。

⑤系统敏感性。系统敏感性是指安全系统在受到外界扰动时变化的程度，敏感性越大，说明系统的脆弱性越大；如果某个因素对系统敏感性表现越大，就说明这个因素是降低系统脆弱性的关键因素。而安全系统敏感性测量指标可以利用安全结果来表示，包括安全事故发生次数、伤亡人数和经济损失等。

⑥系统应对能力。系统应对能力是指系统应对外界扰动而使系统不受

损失或损失最小化的能力。表现在安全系统方面包括处理事故能力、保健急救措施的建立等。上述各个安全子系统的运行对整个安全系统的应对能力的体现具有重要作用。

综上所述,根据建立的概念模型和理论分析设计相关量表如表 7-1 所示。

安全系统脆弱性及其影响因素测量内容　　　　表 7-1

	一级指标	题项	α 系数	
安全系统	员工系统	员工安全意识、安全规范遵守情况、安全满意度	0.759	0.895
	技术与设备系统	现场安全防护装置的配置、安全标志的设置、消防设备的配置、防雷防电装置的配置、员工安全保障品配备	0.690	
	管理系统	安全管理人员义务履行情况、定期安全系统检查、安全制度规章落实情况	0.605	
	环境系统	企业进行尘毒治理的情况、企业对废水、废气、固体废弃物的处置情况、员工饮食住宿等卫生安全情况、监理人员、行政管理部门监督、业主的监督情况	0.680	
脆弱性	敏感性	安全事故发生次数、安全事故导致经济损失、安全事故导致人员伤亡	0.641	
	应对能力	处理事故成本、保健急救措施、安全纠纷处理情况	0.607	

7.2.2　样本收集和数据特征

根据以上量表内容,采用 5 级里克特量表设计调查问卷,从非常不同意到非常同意分别为 1～5 分,形成最终调查问卷。问卷发放地点选取了建筑业比较发达的城市,包括北京、天津、河北、山东、广东等省市,问卷发放对象包括施工企业安全管理人员和施工人员,问卷发放人员都是受过高等教育的本科生和硕士毕业生,以便对问卷中的问题能够给予合理的解释,因此保证了所填问卷能较好地反映施工现场情况。本次问卷发放数量为 450 份,涉及 16 个省区共 85 个项目,问卷收回 440 份,有效问卷428 份,问卷有效回收率为 95.1%。本次问卷民用项目居多,占项目总类型的 46.3%,市政工程占 39.3%,工业项目占 14.4%。其中民用项目和市政工程相对比较复杂,能涵盖一般项目所包含的安全问题,因此样本选取有一定的代表性。所调查的项目结构类型主要分为框架结构、砖混结构、钢结构和其他四种类型，所占比例分别为 43.7%、25.2%、10.0%、21.0%。样本项目的结构类型基本涵盖了普通工程项目的类型，对一般工程项目能够做到比较好的描述。样本在建项目占样本数的 61%，已完工项目中工期在 1 年以上的占到样本的 95.6%，因此利用系统动力学方法构建安全投资与安全绩效的长期作用关系与实践相符。

7.2.3 信度和效度分析

为说明问卷数据的稳定性、可靠性以及准确性，需要利用 SPSS 软件对问卷进行信度与效度分析，利用 Cronbach's α（克隆巴赫系数）检验量表的信度，结果如表 7-1 所示。可以看到，各分项的 Cronbach's α 系数均大于 0.6，整体层面 Cronbach's α 大于 0.7，说明量表的信度良好。利用 KMO 值（Kaiser-Meyer-Olkin）和 Bartlett 球形度检验检验量表的效度，结果显示：量表整体的 KMO 值为 0.887>0.8，Bartlett 球形度检验 sig=0.000<0.005，说明量表具有较好的效度[210]。

7.3 安全系统脆弱性仿真模型分析

7.3.1 方法介绍

系统动力学（System Dynamics）是在 20 世纪 50 年代由美国麻省理工学院教授福雷斯特提出的，其利用系统结构、因果关系及反馈回路建立综合模型，借助计算机技术，以定性与定量相结合的方法处理因素间因果关系、非线性关系、多重反馈、时间延迟等复杂问题[211]。

7.3.2 系统流程图构建

施工企业安全系统是多个子系统相互作用形成的一个整体，各个子系统在一定程度上决定着整个系统的敏感性和应对能力的大小。因此为反映施工企业各个子系统对安全系统脆弱性的影响，利用系统动力学思想建立系统流程图，如图7-2所示。

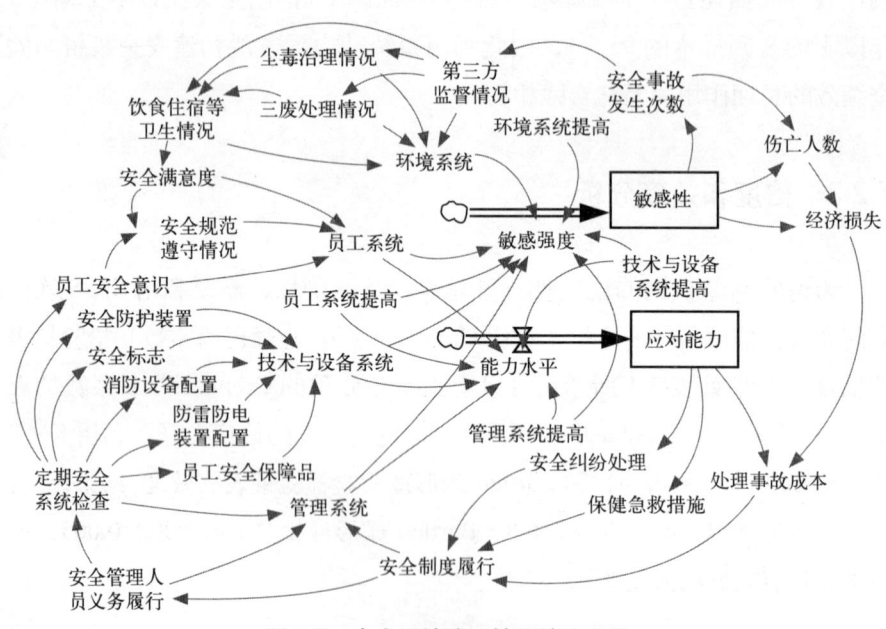

图7-2 安全系统脆弱性系统流程图

7.3.3 模型参数确定

为建立系统动力学方程，需要确定各自变量对因变量的权重系数，一般来说，确定变量间权重系数的方法有很多，如德尔菲法、层次分析法、回归系数法等，本研究为使研究结果更客观，采用BP（反向传播，Back Propagation）神经网络和MIV（平均影响值，Mean Impact Value）算法确定变量间影响权重问题，首先利用BP神经网络对问卷中相关的数据进行训练，将自变量作为输入层变量，因变量作为输出层变量，问卷中相关数据为对应变量的值，得出训练结果。然后再利用MIV算法确定权重，即首先将训练样本S中的每一个自变量值在其原始值基础上加减10%，从而得到两个样本S_1和S_2，然后利用已建成的网络对这两个样本进行仿真，得到

仿真结果 Q_1 和 Q_2，Q_1 和 Q_2 的差值即为该自变量对因变量影响的变化值，将该变化值按观测平均得出该自变量对应于因变量的 MIV 值，将各自变量对因变量的 MIV 值求出，即是自变量对因变量的权重系数，从而为系统动力学方程做好基础。鉴于篇幅，下面以环境系统为例计算影响环境系统各自变量的 MIV 值。

根据上文建立的系统流程图，确定输入变量为饮食住宿等卫生情况、三废处理情况、尘毒治理情况和第三方监督情况；输出变量为环境系统。根据史峰等的研究，隐含层层数的选择从网络精度和训练时间上综合考虑，对于较简单的映射关系，在网络精度达到要求的情况下，可以选择单隐含层。Kolmogarav 定理也指出，给定合适的权重和结构，三层前向神经网络做函数拟合可以达到较好的精度。隐含层节点和输出层节点转移函数分别选用"tansig"函数和"purelin"函数。隐含层节点数根据 Kolmogarav 定理（$m=2n+1$，m 为隐含层节点数，n 为输入层节点个数，此时模型的精度和训练时间等性能较好）确定[151][212]，隐含层节点数为 9。模型的网络拓扑结构如图 7-3（a）所示，模型最大迭代次数为 1000，目标精度为 0.01，学习速率取值为 [0，1] 之间，过大的学习速率使权值变化过程中产生较大的震荡，过小的学习速率会导致网络收敛过慢，根据前人研究得出的经验及本研究的特点，将学习速率设为 0.1。

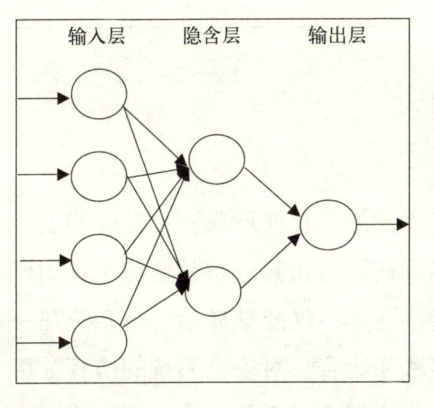

图 7-3　模型的网络拓扑结构及训练结果

通过以上构建的模型对问卷数据进行训练，得出4个变量的归一化后的 MIV 值分别为 0.30、0.27、0.2、0.23。模型精度如图 7-3（b）所示，由图 7-3 可知，模型经过迭代，得到较快的收敛，并达到目标精度 <0.01。

根据得出的各变量 MIV 值，可建立环境系统的系统动力学方程：环境系统 =0.3× 饮食住宿等卫生情况 +0.27× 三废处理情况 +0.2× 尘毒治理情况 +0.23× 第三方监督情况。同理计算出其他影响因素的 MIV 值，并建立相应的系统动力学方程，本章主要的系统动力学方程如表 7-2 所示。

安全系统脆弱性系统动力学方程　　　　　　　　　　表 7-2

	因变量	系统动力学方程
辅助变量	员工系统	0.33× 安全意识 +0.35× 安全满意度 +0.32× 安全规范遵守
	技术与设备系统	0.25× 安全防护装置 +0.10× 安全标志 +0.12× 消防设备配置 +0.15× 防雷防电装置 +0.38× 员工安全保障品
	管理系统	0.32× 安全管理义务履行 +0.25× 安全管理制度落实 +0.42× 定期系统检查
	环境系统	0.27× 三废处理 +0.2× 尘毒治理 +0.3× 饮食、住宿等卫生安全 +0.23× 第三方监督
速率变量	敏感强度	(-0.12)× 员工系统 + (-0.36)× 技术与设备系统 + (-0.22)× 管理系统 + (-0.3)× 环境系统
	应对水平	0.45× 员工系统 + 0.22× 技术与设备系统 +0.33× 管理系统
水平变量	敏感性	初始值：3.9
	应对能力	初始值：4.2

注：水平变量初始值为问卷中对应数据的平均值。

7.3.4 仿真分析

由于工程项目普遍具有工期长的特点，施工企业形成一个良好的安全系统也并不能在短期内完成。因此，本章在进行仿真分析时，将仿真周期选择为 1 年，进行为期 5 年的仿真分析，这样不仅能够显示安全系统在一个较长时间内的变化，而且也与工程实践相吻合。对安全系统的仿真分析分为敏感性分析和应对能力分析，另外，分析各子系统对安全系统的影响大小，增设员工系统提高、技术与设备系统提高、管理系统提高和环境系

统提高四个常量,分析每个变量变化一个单位时安全系统的变化规律。分析结果如下:

(1) 各子系统对安全系统敏感性分析

如上文所述,安全系统敏感性是指安全系统受到外界扰动时的变化程度,本章采取的量化指标为安全事故的发生、伤亡人数和事故导致的经济损失。安全系统是一个庞大复杂的包含人、机、环境等多个主体的系统,要分析并有效降低安全系统的敏感性,首先应明确组成安全系统的各个子系统在降低安全系统敏感性的作用程度。仿真结果趋势如图7-4所示,敏感性结果分为初始状态和子系统变化1个单位状态下的结果,初始状态是指各个子系统没有任何变化时的系统敏感性表现,子系统变化1个单位是指在保持其他子系统取值不变的情况下,变化某个子系统的取值,得出系统敏感性的变化程度。

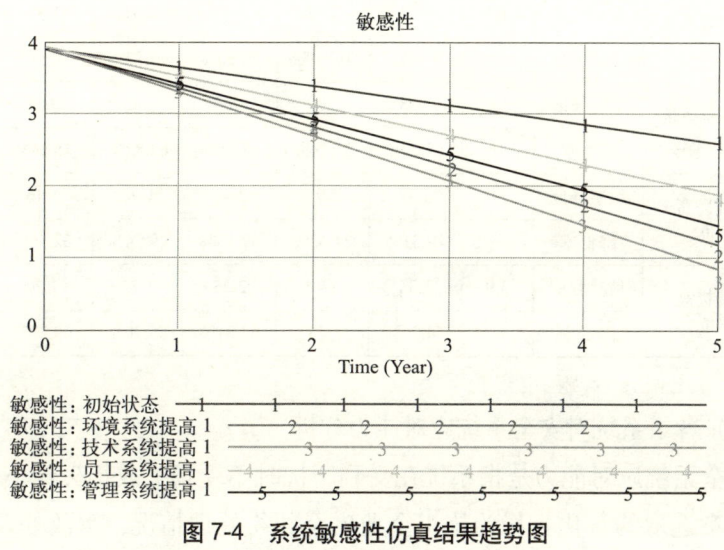

图 7-4 系统敏感性仿真结果趋势图

由图7-4可知,技术与设备系统和环境系统提高1个单位后系统敏感性下降比较显著,敏感性强度仿真结果如表7-3所示。在初始状态下,第1年末,系统的敏感性降低了6.67%,至第5年末系统敏感性降低了33.08%;而在技术与设备系统提高1个单位后,系统敏感性在第2年即有了31.54%

的降低,至第 5 年末,系统敏感性降低了 78.46%;其次,提高环境系统 1 个单位也会在 2 年内有效降低安全系统的敏感性。对降低安全系统敏感性作用的子系统由大到小排序依次为技术与设备系统、环境系统、管理系统、员工系统。这表明在系统抗干扰能力层面员工或管理层安全能力并没有起到很大的作用,在降低安全系统敏感性方面应提高技术与设备系统和环境系统水平,因为只有在保证安全设施或设备以及安全环境的基本条件下,才能使系统在遭遇意想不到的事件干扰时不被轻易破坏,而员工和管理层的安全能力在遇到突发事件时提高现有系统的抗干扰能力是十分有限的。

安全系统敏感性的仿真结果 表 7-3

年份		0	1	2	3	4	5	排序
初始状态	敏感强度	3.9	3.64	3.38	3.13	2.87	2.61	—
	降低率	—	6.67%	13.33%	19.74%	26.41%	33.08%	
员工系统提高1个单位	敏感强度	3.9	3.52	3.13	2.73	2.31	1.89	4
	降低率	—	9.74%	19.74%	30.00%	40.77%	51.54%	
技术与设备系统提高1个单位	敏感强度	3.9	3.28	2.67	2.06	1.45	0.84	1
	降低率	—	15.90%	31.54%	47.18%	62.82%	78.46%	
管理系统提高1个单位	敏感强度	3.9	3.42	2.94	2.45	1.96	1.46	3
	降低率	—	12.31%	24.62%	37.18%	49.74%	62.56%	
环境系统提高1个单位	敏感强度	3.9	3.34	2.79	2.25	1.72	1.20	2
	降低率	—	14.36%	28.46%	42.31%	55.90%	69.23%	

(2) 各子系统对安全系统应对能力分析

安全系统应对能力是指系统在受到干扰时不受损失或损失最小化的能力,本章选取的量化指标为施工企业安全纠纷处理情况、事故处理成本、保健急救措施等。在仿真分析方法上同样采取单因素敏感性分析法,即每次变换 1 个系统的取值,从而分析安全系统应对能力的变化情况,仿真趋势图如图 7-5 所示。

由图 7-5 可知,员工系统和管理系统提高 1 个单位时应对能力提高的趋势较为明显,技术系统次之,仿真结果如表 7-4 所示。第 1 年末,与初

第7章 建筑企业施工安全系统脆弱性分析

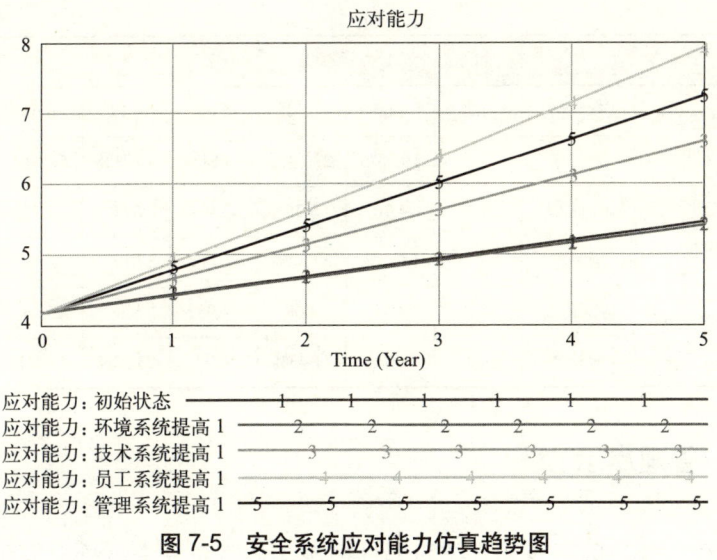

图 7-5 安全系统应对能力仿真趋势图

始状态相比,提高员工系统水平对提高安全系统应对能力即有 10.48% 的提高,其次提高管理系统,较初始状态相比提高了 5.24%。这是因为在应对能力方面,主要体现的是事故发生后系统所产生的反应以及采取的措施,如果企业的管理系统良好,具有完整的事故应急制度,各个程序的责任人清晰明确,就能及时有效的防止事故损失进一步扩大,而员工系统水平的提高能直接有效地切断事故危害性的蔓延,降低损失并能保证自身的安全。技术与设备系统和环境系统虽然在一定程度上能够起到降低损失的作用,如火灾报警系统,能在火灾发生的第一时间发生报告,但在避免和降低损失方面人们还是认为管理层和员工起到的作用更为重要。

安全系统应对能力仿真结果　　　　　　　　　　表 7-4

年份		0	1	2	3	4	5	排序
初始状态	应对能力	4.2	4.44	4.68	4.93	5.20	5.47	
	增长率	—	5.71%	11.43%	17.38%	23.81%	30.24%	
员工系统提高 1 个单位	应对能力	4.2	4.88	5.60	6.35	7.12	7.93	1
	增长率	—	16.19%	33.33%	51.19%	69.52%	88.81%	

续表

年份		0	1	2	3	4	5	排序
技术与设备系统提高1个单位	应对能力	4.2	4.66	5.13	5.62	6.12	6.64	3
	增长率	—	10.95%	22.14%	33.81%	45.71%	58.10%	
管理系统提高1个单位	应对能力	4.2	4.76	5.35	5.97	6.60	7.26	2
	增长率	—	13.33%	27.38%	42.14%	57.14%	72.86%	
环境系统提高1个单位	应对能力	4.2	4.44	4.68	4.93	5.18	5.44	4
	增长率	—	5.71%	11.43%	17.38%	23.33%	29.52%	

7.3.5 管理启示

结合事故致因理论和系统脆弱性理论，从避免安全事故发生和降低损失角度出发，建立了安全系统脆弱性仿真模型，并从安全系统敏感性和应对能力两个方面对施工企业安全系统的脆弱性及其影响因素进行了实证分析。主要有如下管理启示：

（1）施工企业安全系统及其脆弱性测评量表（问卷）是有效的。利用SPSS软件分析量表调查数据，验证了其有效性，表明测评量表适合于用来评价施工企业安全系统脆弱性。

（2）提高员工安全行为能力和管理者管理水平有助于提高安全系统在危险发生时的应对能力，施工企业应通过提高员工安全行为能力和管理者管理水平提高安全系统在事故发生时及时采取应对措施的能力。

（3）提高技术与设备和环境的安全状态水平有助于降低危险因素对安全系统的干扰强度，施工企业应通过提高技术与设备和环境的安全状态水平降低危险对系统带来的损害。

（4）施工企业应根据自身企业特点采取相应的措施：如果本企业易发生事故，说明企业的安全系统脆弱性较大，应主要在技术与设备系统和环境系统寻找原因和解决方法；如果本企业虽不易发生事故但每发生一次事故造成的损失是巨大的，说明安全系统的应对能力有缺陷，应提高员工系统和管理系统的安全水平。

第 8 章

总结与展望

8.1 研究总结

本书针对建筑施工企业安全投资、安全行为与安全绩效的作用机理等问题进行了较系统和深入研究,基于我国建筑安全管理发展现状,综合系统分析、统计分析工具及智能计算模型,阐述了员工安全行为影响因素和安全行为决策机理,以组织学习为中介变量探讨了施工企业内社会资本与安全绩效的关系,明晰了安全投资要素对安全绩效的影响机制,在此基础上构建了安全投资决策模型,并对施工安全系统脆弱性特征进行了分析。具体研究成果及结论如下:

(1) 从社会资本、员工个体和组织管理三个层面构建员工安全行为决策模型和安全行为影响因素体系。依据社会资本理论、认知心理学理论和安全行为理论分析了建筑施工企业员工安全行为的影响因素,并设计了相关调查问卷。采用遗传算法优化计算的方法筛选出了 13 个关键影响因素,分别为员工之间相互熟悉、员工经常对问题交换意见和想法、员工为本企业发展目标实现而努力、员工之间相互信任、员工之间相互帮助、在工作时保持较高的警惕性、正确处理工作中的压力、以最佳的状态投入工作、企业已经形成了完善的安全培训制度、危险事故防范宣传工作到位、有完善的安全事故预防措施、安检人员定期进行安全检查、安全操作规范健全,降低了自变量之间的相关性。在此基础上,利用支持向量机(SVM)的方法对安全行为决策模型进行了仿真分析,并与 BP 神经网络模型做了对比。仿真结果表明:基于筛选出的关键影响因素的 SVM 仿真模型的精度和有效性大于 BP 神经网络模型,影响因素与安全行为之间具有较好的拟合关系。研究结论为建筑施工企业加强安全事故的预防管理、建立安全问题交流沟通机制、引导员工安全行为和自觉减少不安全行为倾向提供了理论支持。

(2) 以组织学习作为中介变量,探索施工企业内社会资本与施工企业安全绩效之间的耦合关系。采用文献研究和调查问卷的方式研究施工企业内社会资本的内容,建立以组织学习为中介变量的施工企业内社会资本对安全绩效作用机理的概念模型,在此基础上通过建立结构方程模型,详细分析了企业内社会资本各维度、组织学习和安全绩效之间的联结关系和作用机理。研究结果表明：施工企业内社会资本认知维度对安全绩效的影响最大，关系维度的影响次之，结构维度的影响最弱。组织学习作为中介变量在企业内社会资本结构维度、关系维度对安全绩效的影响中起完全中介作用，在企业内社会资本认知维度对安全绩效的影响中起部分中介作用。企业内社会资本可以增加员工的知识技能的储备，提升组织学习的整体水平，进而提高企业安全绩效。建筑施工企业评价安全绩效应综合考虑安全结果绩效和安全行为绩效，事故发生前员工的不安全行为等潜在风险也应涵盖在内，同时应注重内部社会资本的构建和培养员工的责任意识，建立相应的机制来规范企业的组织学习行为。

(3) 以施工企业员工安全能力为中介变量，明晰安全投资要素对安全绩效的作用机理。构建安全投资要素与安全绩效的结构方程模型，并采用探索性因子分析和结构方程分析的方法进行实证检验。研究结果表明：员工安全能力（员工安全行为水平、安全意识等）对结果绩效（发生事故次数、伤亡人数、经济损失）和安全系统（系统安全制度、安全等级、安全纠纷次数）有显著的正相关关系，安全教育投资和事故防治投资对员工安全能力有显著的正相关关系，安全教育投资和安全管理投资对安全系统有显著的正相关关系，劳动保护投资对结果绩效有显著的正相关关系，而安全技术投资与安全绩效关系不显著。

(4) 辨识影响施工企业安全绩效的关键要素，构建安全投资决策模型。基于粗糙集理论提取出 9 个影响建筑施工企业安全投资的关键因素，分别是：安全培训次数、安全宣传、保健急救设施、消防安全设备、定期系统检查、与监理人员的配合、业主的监督、行政部门的监督和工伤保险投入。在此基础上，利用支持向量机原理构建建筑施工企业安全投资决策模型，并进行样本数据测试和实证检验。分析结果表明，安全培训、安全宣传等关键投资要素对安全绩效的作用显著，模型拟合程度较高，实用性较好。建筑施工企业应重视安全预防投资，加强施工作业的事中监督，同时建立必要的风险转移机制，以提高安全绩效。

(5) 建立建筑企业施工安全系统脆弱性的系统动力学仿真模型，对施工企业安全系统的脆弱性及其影响因素进行实证分析。为提高施工企业对安全系统的管理能力，针对施工安全环境的复杂多变性和安全管理的局限性，采用误差反向传播（BP）神经网络结合平均影响值（MIV）算法确定安全系统脆弱性仿真模型相关因素之间的参数，并就各因素对安全系统脆弱性影响的敏感性进行了模拟分析。研究结果表明：提高员工系统和管理系统安全水平对提高安全系统应对能力具有显著作用，而技术与设备系统和环境系统在降低安全系统敏感性方面表现显著。提高员工安全行为水平和管理者管理水平有助于提高系统在危险发生时的应对能力，提高技术与设备和环境的安全状态则有助于降低危险对安全系统的干扰强度。

8.2 研究不足与展望

通过对建筑企业的实际调查发现，安全生产理念已经摆在了施工作业过程的重要位置，但是也存在施工企业安全投资意愿不足、施工人员安全意识有待提高、管理层与员工以及员工之间缺乏有效的沟通和知识共享机制等现象。尽管本书在预防安全事故发生、认识安全投资效果、规范员工安全行为和提高施工企业安全绩效等方面得出了一些较有意义的结论与启示，但在研究过程中仍存在一些局限之处，需要在未来研究中加以改善并进一步深化。

（1）在研究选取的时点上，限于时间等方面原因的限制，本书研究只收集了静态数据。数据分析停留在横截面的静态研究上，这对安全投资、安全行为与安全绩效作用机理的考察有一定的限制。因此，今后的数据分析可根据建筑工程项目管理周期选择纵截面动态分析方法，通过对不同阶段安全绩效影响因素的考察来研究变量之间的关系更具有实际价值。

（2）本书从社会资本、安全认知和组织管理角度构建了员工安全行为决策模型，在一定程度上完善了员工安全行为决策过程，证实了这三个方面对员工安全行为的影响规律，但仍有一些不足之处：一方面由于视角有些宽泛未能对各方面包含的变量做深入细致的划分，从而可能忽略掉一些变量；另一方面对如何培养员工在安全方面的社会资本、员工的安全认知和企业的组织安全管理还有待进一步深入探析。

(3) 施工企业内社会资本与安全绩效的关系模型有待细化。在本书研究中,分析施工企业内社会资本与安全绩效之间关系的中介变量是组织学习,但是中介变量可能不只组织学习。今后的研究可以考虑增加其他中介变量,以更加全面考察企业内社会资本对安全绩效的影响。与此同时,本次研究仅仅涉及了施工企业内部的社会资本,在后续研究中可以深入分析施工企业外部社会资本或将内外部社会资本放在同一个模型中考察对安全绩效的作用机制。

(4) 由于建筑施工企业具有较强的非集权性和流动性特点,阻碍了施工企业通过安全管理有效提高员工安全行为水平的路径,从而导致施工企业虽然做出合理的安全投入却没有产生应有的效果,虽然具有完善的安全管理制度却不能得到较好的执行。充足合理的安全投资只是保证建筑企业安全生产的必要条件之一,使其能够根据企业文化特点和员工素质情况更有效的发挥作用将是未来研究方向之一。此外,现有研究没有重视施工活动主体的社会性以及主体之间的网络关系,从而无法针对建筑施工活动的特殊性做出合理的行为决策,这在后续研究中需要进一步完善。

(5) 社会资本对施工主体安全行为的作用机理研究有待充实完善。社会资本(个体之间的支持、信任、沟通、非正式规范)对社会经济活动中人们健康和安全的积极影响已经得到了很多学者的实例验证,本书研究也证实了社会资本会对施工企业安全绩效产生影响。但是,组织所处网络的关系和结构对施工企业安全行为决策的影响,以及个体所处网络的关系和结构对员工安全行为决策的影响还有待深入研究。基于此,立足我国独特的管理情境,以社会资本理论为基础,探究施工企业各主体社会关系及其网络结构对其安全能力和安全行为的影响机理,以及如何提升组织和个人的安全协同能力成为未来研究需要关注的重点。

附录1　第3章调查问卷

尊敬的朋友：

您好！首先感谢您在百忙之中抽出宝贵时间来填写这份调查问卷。本问卷不记名、不涉及贵公司商业机密及个人隐私，所得资料仅供研究使用，绝不向外界和任何人公开，敬请放心作答。如果您愿意分享本课题组的研究成果，请您留下 E-mail：_____，以便于与您进行沟通。请您尽可能选择自己最熟悉的一个已完成项目作为回答问卷的样本。

您的参与对本课题组的研究至关重要，衷心感谢您的合作和支持！

一、项目信息

1. 项目名称：_____；项目所在城市：_____

2. 项目工期：_____到_____

3. 项目类型：□民用建筑工程　□工业建筑工程　□市政公用行业建设项目　□其他

4. 项目结构类型：□砖混　□框架　□钢结构　□其他

5. 项目总投资额：_____；项目建筑面积：_____平方米

6. 项目管理部人员人数_____；项目所在企业总人数：_____

7. 项目所在企业名称：_____企业内项目部个数：_____

8. 企业类型：□国有企业　□民营企业　□中外合资企业　□外商独资　□股份制企业　□其他

二、调研内容

请您看完题目后，用5分制来评分，并在相应的数字1、2、3、4、5上"加黑或涂色"，1、2、3、4、5分别代表"非常不同意"、"不同意"、"不确定"、"同意"、"非常同意"。为了得到更好的统计分析，请您尽量给出明确的选择，较少使用"不确定"选项。

（一）社会资本部分（用以强调社群中的关系网络是一种有助于个人或组织在社群中发展的关系性资源）

1. 您与其他员工之间相互熟悉　□1　□2　□3　□4　□5

2. 您与其他员工经常对工作问题交换意见和想法 □1 □2 □3 □4 □5

3. 本项目部员工之间经常举办聚餐、联谊等非正式活动 □1 □2 □3 □4 □5

4. 您会为本企业发展目标的实现而付出努力 □1 □2 □3 □4 □5

5. 您为自己是项目部的一员而感到骄傲 □1 □2 □3 □4 □5

6. 本项目部员工对工作重点总是有一致意见 □1 □2 □3 □4 □5

7. 您与其他员工之间互相信任 □1 □2 □3 □4 □5

8. 您会与其他员工互相帮助 □1 □2 □3 □4 □5

9. 与领导之间相互信任 □1 □2 □3 □4 □5

（二）员工认知部分（指员工的安全意识、安全知识、安全态度等）

1. 工作时，您会保持很高的警惕性 □1 □2 □3 □4 □5

2. 您非常清楚现场的危险部位和节点 □1 □2 □3 □4 □5

3. 根据经验，您能及时发现施工中潜在的风险 □1 □2 □3 □4 □5

4. 您能及时消除安全事故隐患 □1 □2 □3 □4 □5

5. 您具备熟练完成本职工作所需的技能和知识 □1 □2 □3 □4 □5

6. 发生突发事故时，您能冷静处理 □1 □2 □3 □4 □5

7. 您不会把工作以外的情绪带到工作中来 □1 □2 □3 □4 □5

8. 您能正确对待工作中的压力 □1 □2 □3 □4 □5

9. 即使监管人员不在现场，您也会安全工作 □1 □2 □3 □4 □5

10 您会以最佳的状态投入工作 □1 □2 □3 □4 □5

（三）组织管理部分（指制度管理和现场管理）

1. 已经形成了完善的安全培训制度 □1 □2 □3 □4 □5

2. 危险事故防范的宣传工作很到位 □1 □2 □3 □4 □5

3. 有完善的安全事故预防措施 □1 □2 □3 □4 □5

4. 本项目部人员绩效考核机制健全 □1 □2 □3 □4 □5

5. 安检人员定期进行安全检查 □1 □2 □3 □4 □5

6. 本项目部不存在多头领导的问题 □1 □2 □3 □4 □5

7. 岗位安全操作规程很健全 □1 □2 □3 □4 □5

8. 有完善的安全事故应对措施 □1 □2 □3 □4 □5

(四)安全行为部分

您在工作时总是按照正确的安全规程操作 □1 □2 □3 □4 □5

三、个人基本信息

1. 性别：□男 □女

2. 年龄：□18~30岁 □30~40岁 □40~50岁 □50~60岁 □60岁以上

3. 受教育程度：□初中及以下 □高中 □大专 □本科 □研究生及以上

4. 从业年限：□5年以下 □6~10年 □11~15年 □16~25年 □25年以上

5. 您属于：□高层管理者 □中层管理者 □基层管理者 □专业技术人员
   □行政工作人员

6. 您的职务是：_____

7. 您的最高技术职称：□没有职称 □初级职称 □中级职称 □副高级职称
   □高级职称

附录2 第3章基于遗传算法优化的自变量降维主程序

```
clear all
clc
warning off
%% 声明全局变量
global P_train T_train P_test T_test mint maxt S s1
S=13;
s1=27;
%% 导入数据
load data.mat
Train=data((1:216),:);
Test=data((217:end),:);
% 训练数据
P_train=Train(:,2:end)';
T_train=Train(:,1)';
% 测试数据
P_test=Test(:,2:end)';
T_test=Test(:,1)';
%% 数据归一化
[P_train, minp, maxp, T_train, mint, maxt]=premnmx(P_train, T_train);
P_test=tramnmx(P_test, minp, maxp);
%% 创建单BP网络
net_bp=newff(minmax(P_train), [s1 1], {'logsig', 'purelin'}, 'trainlm');
% 设置训练参数
```

```
net_bp.trainParam.epochs=1000;
net_bp.trainParam.show=10;
net_bp.trainParam.goal=0.1;
net_bp.trainParam.lr=0.1;
net_bp.trainParam.showwindow=0;
%% 训练单 BP 网络
net_bp=train (net_bp, P_train, T_train) ;
%% 仿真测试单 BP 网络
tn_bp_sim=sim (net_bp, P_test) ;
% 反归一化
T_bp_sim=postmnmx (tn_bp_sim, mint, maxt) ;
%% 结果显示 ( 单 BP 网络 )
figure (1)
plot (T_bp_sim, ': og')
hold on
plot (T_test, '-*') ;
legend (' 预测输出 ', ' 期望输出 ')
title ('BP 网络预测输出 ', 'fontsize', 12)
ylabel (' 函数输出 ', 'fontsize', 12)
xlabel (' 样本 ', 'fontsize', 12)
% 预测误差
error=T_bp_sim-T_test;
figure (2)
plot (error, '-*')
title ('BP 网络预测误差 ', 'fontsize', 12)
ylabel (' 误差 ', 'fontsize', 12)
xlabel (' 样本 ', 'fontsize', 12)
errorsum=sum (abs (error) )
%% 遗传算法优化
```

附录 2 第 3 章基于遗传算法优化的自变量降维主程序 ※

```matlab
popu=20;
bounds=ones (S, 1) *[0, 1];
% 产生初始种群
% initPop=crtbp (popu, S);
initPop=randint (popu, S, [0 1]);
% 计算初始种群适应度
initFit=zeros (popu, 1);
for i=1: size (initPop, 1)
initFit (i) =de_code (initPop (i, :));
end
initPop=[initPop initFit];
gen=100;
% 优化计算
[X, EndPop, BPop, Trace]=ga (bounds, 'fitness', [], initPop, [1e-6 1 0], 'maxGenTerm', ...
gen, 'normGeomSelect', 0.09, 'simpleXover', 2, 'boundaryMutation', [2 gen 3]);
[m, n]=find (X==1);
disp ([' 优化筛选后的输入自变量编号为：' num2str (n)]);
% 绘制适应度函数进化曲线
figure
plot (Trace (:, 1), Trace (:, 3), 'r: ')
hold on
plot (Trace (:, 1), Trace (:, 2), 'b')
xlabel (' 进化代数 ')
ylabel (' 适应度函数 ')
title (' 适应度函数进化曲线 ')
legend (' 平均适应度函数 ', ' 最佳适应度函数 ')
xlim ([1 gen])
%% 新训练集 / 测试集数据提取
p_train=zeros (size (n, 2), size (T_train, 2));
```

```
p_test=zeros (size (n, 2) , size (T_test, 2) ) ;
for i=1: length (n)
p_train (i, : ) =P_train (n (i) , : ) ;
p_test (i, : ) =P_test (n (i) , : ) ;
end
t_train=T_train;
%%% 创建优化 BP 网络
net_ga=newff (minmax (p_train) , [50, 1], {'logsig', 'purelin'}, 'trainlm') ;
% 训练参数设置
net_ga.trainParam.epochs=1000;
net_ga.trainParam.show=10;
net_ga.trainParam.goal=0.1;
net_ga.trainParam.lr=0.1;
net_ga.trainParam.showwindow=0;
%%% 训练优化 BP 网络
net_ga=train (net_ga, p_train, t_train) ;
%%% 仿真测试优化 BP 网络
tn_ga_sim=sim (net_ga, p_test) ;
% 反归一化
T_ga_sim=postmnmx (tn_ga_sim, mint, maxt) ;
%%% 结果显示 ( 优化 BP 网络 )
figure (3)
plot (T_ga_sim, ': og')
hold on
plot (T_test, '-*') ;
legend (' 预测输出 ', ' 期望输出 ')
title (' 优化 BP 网络预测输出 ', 'fontsize', 12)
ylabel (' 函数输出 ', 'fontsize', 12)
xlabel (' 样本 ', 'fontsize', 12)
```

附录 2 第 3 章基于遗传算法优化的自变量降维主程序 ※

% 预测误差

error=T_ga_sim-T_test;

figure (4)

plot (error, '-*')

title (' 优化 BP 网络预测误差 ', 'fontsize', 12)

ylabel (' 误差 ', 'fontsize', 12)

xlabel (' 样本 ', 'fontsize', 12)

errorsum=sum (abs (error))

附录3 第3章 SVM 主程序

```
load input
load output
input_train = input ( ( 1: 216) , : )'; output_train = output ( ( 1: 216) , : )';
input_test = input ( ( 217: 316) , : )'; output_test = output ( ( 217: 316) , : )';
%input_train = input_train'; output_train = output_train';
%input_test = input_test'; output_test = output_test';
[inputn_train, inputps]=mapminmax (input_train, 0, 1) ; [outputn_train, outputps]=mapminmax (output_train, 0, 1) ;
inputn_train = inputn_train'; outputn_train = outputn_train';
% 首先进行参数粗略选择
[bestmse, bestc, bestg] = SVMcgForRegress (outputn_train, inputn_train, -8, 8, -8, 8) ;
 disp (' 打印粗略选择结果 ') ;
 str = ...
 sprintf ('Best Cross Validation MSE = %g Best c = %g Best g = %g', bestmse, bestc, bestg) ;
 disp (str) ;
% 在粗略选择基础上进行精细选择
[bestmse, bestc, bestg] = SVMcgForRegress (outputn_train, inputn_train, -4, 4, -4, 5, 7, 0.5, 0.5, 0.05) ;
 disp (' 打印精细选择结果 ') ;
 str = ...
 sprintf ('Best Cross Validation MSE = %g Best c = %g Best g = %g', bestmse, bestc, bestg) ;
 disp (str) ;
%%% 利用回归预测分析最佳的参数进行 SVM 训练
cmd = ['-c ', num2str (bestc) , ' -g ', num2str (bestg) , ' -s 3 -p 0.01'];
model = svmtrain (outputn_train, inputn_train, cmd) ;
```

[inputn_test, inputps] =mapminmax (input_test, 0, 1) ; [outputn_test, outputps] = mapminmax (output_test, 0, 1) ;

inputn_test = inputn_test'; outputn_test = outputn_test';

[predict, mse] = svmpredict (outputn_test, inputn_test, model) ;

predict = mapminmax ('reverse', predict', outputps) ;

predict = predict';

disp (' 打印输出结果 ') ;

str = ...

sprintf ('output_test = %g', output_test) ;

disp (str) ;

figure (5)

plot (predict, ': og')

hold on

plot (output_test, '- *') ;

legend (' 预测输出 ', ' 实际输出 ')

title (' 预测输出 ', 'fontsize', 12)

ylabel (' 函数输出 ', 'fontsize', 12)

xlabel (' 样本 ', 'fontsize', 12)

error = output ((217: 316) , :) -predict;

figure (6)

plot (error, '- *')

title (' 预测误差 ', 'fontsize', 12)

ylabel (' 误差 ', 'fontsize', 12)

xlabel (' 样本 ', 'fontsize', 12)

附录 4 第 3 章 SVM 结合 MIV 算法程序

```
tic;
close all;
clear;
clc;
format compact;
%%% 数据预处理
load input
load output
input1=input (1: 316, : )';
output1=output (1: 316, : )';
[inputn, inputps]=mapminmax (input1) ;
[outputn, outputps]=mapminmax (output1) ;
% 输入输出样本
p=inputn;
t=outputn;
p=p';
p (find (isnan (p) ==1) ) = 0;
[m, n]=size (p) ;
yy_temp=p;
for i=1: n
    p=yy_temp;
    pX=p (:, i) ;
    pa=pX*1.1;
    p (:, i) =pa;
    aa=['p_increase' int2str (i) '=p'];
```

```
    eval (aa) ;
end
for i=1: n
    p=yy_temp;
    pX=p (:, i) ;
    pa=pX*0.9;
    p (:, i) =pa;
    aa=['p_decrease' int2str (i) '=p'];
    eval (aa) ;
end
nntwarn off;
t=t';
% 首先进行参数粗略选择
[bestmse, bestc, bestg] = SVMcgForRegress (t, p, -8, 8, -8, 8) ;
% 在粗略选择基础上进行精细选择
[bestmse, bestc, bestg] = SVMcgForRegress (t, p, -4, 4, -4, 4, 5, 0.5, 0.5, 0.05) ;
%% 利用回归预测分析最佳的参数进行 SVM 训练
cmd = ['-c ', num2str (bestc) , ' -g ', num2str (bestg) , ' -s 3 -p 0.01'];
model = svmtrain (t, p, cmd) ;
%result_in 为增加 10% 的输出 result_de 减少 10% 的输出
% 替换
t_increase1=svmpredict (t, p_increase1, model) ;
t_increase2=svmpredict (t, p_increase2, model) ;
t_increase3=svmpredict (t, p_increase3, model) ;
t_increase4=svmpredict (t, p_increase4, model) ;
t_increase5=svmpredict (t, p_increase5, model) ;
t_increase6=svmpredict (t, p_increase6, model) ;
t_increase7=svmpredict (t, p_increase7, model) ;
t_increase8=svmpredict (t, p_increase8, model) ;
```

```
t_increase9=svmpredict (t, p_increase9, model) ;
t_increase10=svmpredict (t, p_increase10, model) ;
t_increase11=svmpredict (t, p_increase11, model) ;
t_increase12=svmpredict (t, p_increase12, model) ;
t_increase13=svmpredict (t, p_increase13, model) ;

t_decrease1=svmpredict (t, p_decrease1, model) ;
t_decrease2=svmpredict (t, p_decrease2, model) ;
t_decrease3=svmpredict (t, p_decrease3, model) ;
t_decrease4=svmpredict (t, p_decrease4, model) ;
t_decrease5=svmpredict (t, p_decrease5, model) ;
t_decrease6=svmpredict (t, p_decrease6, model) ;
t_decrease7=svmpredict (t, p_decrease7, model) ;
t_decrease8=svmpredict (t, p_decrease8, model) ;
t_decrease9=svmpredict (t, p_decrease9, model) ;
t_decrease10=svmpredict (t, p_decrease10, model) ;
t_decrease11=svmpredict (t, p_decrease11, model) ;
t_decrease12=svmpredict (t, p_decrease12, model) ;
t_decrease13=svmpredict (t, p_decrease13, model) ;
for i=1: n
    IV=['t_increase', num2str (i) , '-t_decrease', num2str (i) ];
    eval (['MIV_', num2str (i) , '=mean (', IV, ') '])
end
```

附录 5 第 3 章 BP 神经网络结合 MIV 算法程序

```
clc
clear
load input
load output

input1=input (1: 316, : ) ';
output1=output (1: 316, : ) ';
[inputn, inputps]=mapminmax (input1) ;
[outputn, outputps]=mapminmax (output1) ;

p=inputn;
t=outputn;
p=p';
p (find (isnan (p) ==1) ) = 0;
[m, n]=size (p) ;
yy_temp=p;
% p_increase 为增加 10% 的矩阵 p_decrease 为减少 10% 的矩阵
for i=1: n
    p=yy_temp;
    pX=p (:, i) ;
    pa=pX*1.1;
    p (:, i) =pa;
    aa=['p_increase' int2str (i) '=p'];
    eval (aa) ;
end
```

```
for i=1: n
    p=yy_temp;
    pX=p (:, i) ;
    pa=pX*0.9;
    p (:, i) =pa;
    aa=['p_decrease' int2str (i) '=p'];
    eval (aa) ;
end
nntwarn off;


p=p';
%BP 网络建立
net=newff (minmax (p) , [27 1], {'tansig' 'purelin'}, 'traingd') ;


net.trainParam.show = 50;
net.trainParam.lr = 0.05;
net.trainParam.epochs = 1300;
net.trainParam.goal = 0.01;
% 网络训练
[net, per2]=train (net, p, t) ;

for i=1: n
    eval (['p_increase', num2str (i) , '=transpose (p_increase', num2str (i) , ') '])
end


for i=1: n
    eval (['p_decrease', num2str (i) , '=transpose (p_decrease', num2str (i) , ') '])
end
```

%result_in 为增加 10% 后的输出 result_de 为减少 10% 后的输出
for i=1: n
   eval (['result_in', num2str (i) , '=sim (net, ', 'p_increase', num2str (i) , ') '])
end

for i=1: n
   eval (['result_de', num2str (i) , '=sim (net, ', 'p_decrease', num2str (i) , ') '])
end

for i=1: n
   eval (['result_in', num2str (i) , '=transpose (result_in', num2str (i) , ') '])
end

for i=1: n
   eval (['result_de', num2str (i) , '=transpose (result_de', num2str (i) , ') '])
end

%%MIV 值计算
for i=1: n
   IV=['result_in', num2str (i) , '-result_de', num2str (i)];
   eval (['MIV_', num2str (i) , '=mean (', IV, ') '])
end

附录6　第4章调查问卷

尊敬的朋友：

您好！感谢您抽出宝贵的时间来填写此问卷。本问卷不记名、不涉及贵公司商业机密及个人隐私，所得资料仅供研究使用，绝不向外界和任何人公开，敬请放心作答。如果您愿意分享本课题组的研究成果，请您留下 E-mail：＿＿＿＿＿＿＿＿，以便于与您进行沟通。

您的参与对本课题组的研究至关重要，衷心感谢您的合作和支持！

第一部分　您与贵公司的基本信息

1. 企业名称：＿＿＿＿＿＿＿＿；企业所在城市：＿＿＿＿＿＿＿＿
2. 单位资质：□甲级（一级）资质　□乙级（二级）资质　□丙级（三级）资质
3. 工程类型：□民用建筑工程　□工业建筑工程　□市政公用行业建设项目　□其他
4. 性别：□男　□女
5. 所在管理层次：□高层管理者　□中层管理者　□基层管理者　□专业技术人员
6. 从事建筑工作年限：□5年以下　□6～10年　□11～15年　□16～20年　□21～25年　□26～30年　□30年以上

第二部分　调研内容

请您看完题目后，用5分制来评分，并在相应的数字1、2、3、4、5上"加黑或涂色"，1、2、3、4、5分别代表"非常不同意"、"不同意"、"不确定"、"同意"、"非常同意"。为了可以进行更精准的统计分析，请您尽量给出明确的选择，较少使用"不确定"选项。

附录 6 第 4 章调查问卷

注:"非常不同意"2:"不同意"3:"不确定"4:"同意"5:"非常同意"

(1) 企业内社会资本

1. 企业内个人之间,不同部门、不同项目部之间具有良好的沟通与交流(如,各部门、项目部主管之间关系紧密或有工作联系的跨部门、跨项目部员工之间关系密切)	1	2	3	4	5
2. 企业内个人之间,各部门、各项目部之间联系很频繁	1	2	3	4	5
3. 企业内成员之间经常通过正式或非正式的沟通来互相交流技术、知识和经验	1	2	3	4	5
4. 企业内很少发生成员向企业外部流动的现象(如离职或离任)	1	2	3	4	5
5. 企业内个人之间,各部门、各项目部之间能够很好地遵守承诺	1	2	3	4	5
6. 企业内个人、各部门、各项目部能严格遵守组织规范	1	2	3	4	5
7. 企业内,大部分成员能够信守承诺	1	2	3	4	5
8. 企业内成员能以较好的工作状态履行相应的工作职责、义务	1	2	3	4	5
9. 企业内成员能服从公司的价值观和行为规范	1	2	3	4	5
10. 企业成员清楚地明白公司地价值观和奋斗理念	1	2	3	4	5
11. 企业成员将集体目标视为自身的工作奋斗目标	1	2	3	4	5
12. 企业成员间语言互通并使用相同的代码(共同的企业文化背景或专业知识等)沟通起来并无障碍	1	2	3	4	5

(2) 组织学习

1. 企业内项目部、部门能及时将获得的施工技术、知识经验分享给其他组织成员	1	2	3	4	5
2. 企业经常举办一些与施工相关的知识讲座等宣传教育活动	1	2	3	4	5
3. 企业及其人员善于总结经验和错误	1	2	3	4	5
4. 企业及人员能够及时准确地将习得的新知识、新技术运用到生产运营中,用于解决施工过程中产生的问题	1	2	3	4	5
5. 企业及人员能够吸收对自身有用的知识,并通过与自身实际情况相结合,使其变为自己的知识技能	1	2	3	4	5
6. 企业及人员的知识已经积累到一定的程度,具备了对所学新知识和技术进行再创造的能力	1	2	3	4	5

(3) 安全绩效

1. 企业的安全事故率情况	1	2	3	4	5
2. 企业由安全事故造成的经济损失情况	1	2	3	4	5
3. 我工作时总是遵照安全工作流程进行操作	1	2	3	4	5
4. 即使无人监督,我仍然会安全规范进行操作	1	2	3	4	5
5. 我很乐意参加能够改善生产安全的相关活动	非常多	比较多	一般	比较少	非常少
6. 若发现工友在工作中有不当操作,我会及时予以提醒和纠正	非常多	比较多	一般	比较少	非常少

参考文献

[1] Heinrich H W. Industrial Accident Prevention. A Scientific Approach[M]. New York：McGraw-Hill Book Company. 1941.

[2] Bird Frank Jr E. Management Guide to Loss Control[J]. Atlanta, Georgia：Institute Press, 1974.

[3] Adams J G U. Risk and freedom：the record of road safety regulation[J]. Transport Publishing Projects. 1985：202.

[4] 邢益瑞. 建设工程事故致因相互影响关系研究 [D]. 北京：清华大学硕士毕业论文, 2010.

[5] 金龙哲, 宋存义. 安全科学原理 [M]. 北京：化学工业出版社, 2004.

[6] Surry J. Industrial accident research：a human engineering appraisal[M]. University of Toronto, Department of Industrial Engineering, 1969.

[7] Benner L. Safety, Risk and Regulation[C]. in Proceedings of the Transportation Research Forum. 1972. Chicago.

[8] Skiba. An Accident Model[J]. Occupational Safety and Health 1974（4）：14-16.

[9] Bena A, Mamo C, Marinacci C, et al. Risk of Repeat Accidents by Economic Activity in Italy[J]. Safety Science, 2006. 44（4）：297-312.

[10] Reason J. Human Error [M]. London：Cambridge University Press, 1990.

[11] Reason J., Human Error：Models and Management [J]. British Medical Journal, 2000. 320：768-770.

[12] 何学秋. 安全科学基本理论规律研究 [J]. 中国安全科学学报, 1998, 8（2）：8-12.

[13] Glendon A I, Clarke S, Mckenna E F. Human safety and risk management[M]. CRC Press, 2006.

[14] 吴浩捷. 建设项目安全文化和行为安全的理论与实证研究 [D]. 北京：清华大学博士毕业论文, 2013.

[15] Cooper D. Behavioral Safety Interventions A Review of Process Design Factors[J].

Professional Safety, 2009, 54 (2): 36-45.

[16] Geller E S, Perdue S R, French A. Behavior-based safety coaching: 10 guidelines for successful application[J]. Professional Safety, 2004, 49 (7): 42.

[17] Govaerts. Educational competencies or education forprofessional competence[J]. Medical Education, 2008, 42 (3): 234-236.

[18] 时勘, 王继承, 李超平. 企业高层管理者胜任特征模型评价的研究 [J]. 心理学报, 2002, 34 (3): 306-311.

[19] 王盼盼, 李启明, 邓小鹏. 施工人员安全能力模型研究 [J]. 中国安全科学学报, 2009, 19 (8): 40-45+177.

[20] 陈芳, 罗云. 管制员安全能力模型研究 [J]. 中国安全科学学报, 2012, 22 (1): 17-23.

[21] 周红云. 社会资本及其在中国的研究与应用 [J]. 经济社会体制比较, 2004, (2): 135-144.

[22] Bourdieu P. The forms of social capital[M]. New York: Greenwood Press. 1986.

[23] Coleman J S, Foundations of social theory[M]. MA: Harvard University Press, 1994.

[24] Putnam R D, Leonardi R, Nanetti R Y. Making democracy work: Civic traditions in modern Italy[M]. Princeton: Princeton university press, 1994.

[25] Nahapiet J, Ghoshal S. Social capital, intellectual capital, and the organizational advantage[J]. Academy of management review, 1998, 23 (2): 242-266.

[26] Burt R S. Structural holes: The social structure of competition [M], Cambridge, MA: Harvard University Press, 1992.

[27] Rao S. Safety culture and accident analysis—A socio-management approach based on organizational safety social capital [J]. Journal of Hazardous Materials, 2007, 142 (3): 730-740.

[28] Wood L, Shannon T, Bulsara M, Pikora T, McCormack G, Giles-Corti B. The anatomy of the safe and social suburb: An exploratory study of the built environment, social capital and residents' perceptions of safety[J]. Health & Place, 2008, 14 (1): 15-31.

[29] Lin, S. An Analysis for Construction Engineering Networks[J/OL]. Journal of Construction Engineering & Management, 2014-12-15.

[30] Chinowsky, P., Diekmann, J., Galotti, V. Social Network Model of Construction[J]. Journal of Construction Engineering & Management, 2008, 134 (10): 804-812.

[31] Chinowsky P, Diekmann J, O'Brien J. Project Organizations as Social Networks[J]. Journal of Construction Engineering & Management, 2010, 136 (4): 452-458.

[32] Koh T, Rowlinson S. Relational approach in managing construction project safety: A social capital perspective[J]. Accident Analysis and Prevention, 2012, 48: 134-144.

[33] Koh T, Rowlinson S. Project Team Social Capital, Safety Behaviors, and Performance: A Multi-level Conceptual Framework[J]. Procedia Engineering, 2014, 85: 311-318.

[34] Timmerman P. Vulnerability Resilience and the Collapse of Society: A Review of Models and Possible Climatic Applications [C]. Toronto: Institute for Environmental Studies, 1981.

[35] Gallopin G C. Linkages between Vulnerability, Resilience and Adaptive Capacity [J]. Global Environmental Change, 2006. 16 (3): 293-303.

[36] Barros V, Stocker T F, Qin D, et al. A Special Report of Working Groups I and II of the Intergovernmental Panel on Climate Change (IPCC) [R]. UK: Cambridge University Press, 2012. 555-564.

[37] Wolf S, Hinkel J, Hallier M, et al. Clarifying vulnerability definitions and assessments using formulation[J]. International Journal of Climate Change Strategies and Management, 2013, 5 (1): 54-70.

[38] 李鹤, 张平宇, 程叶青. 脆弱性的概念及其评价方法 [J]. 地理科学进展, 2008, 27 (2): 18-25.

[39] 苏飞, 陈媛, 张平宇. 基于集对分析的旅游城市经济系统脆弱性评价——以舟山市为例 [J]. 地理科学, 2013, 33 (5): 538-544.

[40] 刘铁民. 火灾频发暴露我国城市公共安全系统脆弱性 [J]. 中国安全生产科学技术, 2011, 7 (3): 5-9.

[41] 韩豫, 成虎. 基于脆弱性的地铁运营安全事故致因分析 [J]. 中国安全科学学报, 2013, 23 (8): 164-170.

[42] 罗云. 安全经济学 [M]. 北京：化学工业出版社，2017 年.

[43] 董大旻，冯凯梁. 基于 EFQM 的建筑企业安全投入绩效评估 SEM[J]. 中国安全科学学报，2012，22（2）：10-16.

[44] 方东平，黄新宇，李强等. 建设项目安全投入与安全业绩关系研究 [J]. 建筑经济，2001，(1)：9-13.

[45] 李小三，崔文彩，赵云胜. 企业安全投资现状及其利益博弈分析 [J]. 中国公共安全（学术版），2006，(4)：59-62.

[46] 安德烈奥尼，宋大成等译. 职业性事故与疾病的安全负担 [M]. 北京：中国劳动出版社，1992.

[47] Hinze, J., Construction safety[M]. Prentice Hall, 1997.

[48] Son K S, Melchers R E, Kal W M. An analysis of safety control effectiveness[J]. Reliability Engineering & System Safety, 2000, 68 (3)：187-194.

[49] Cooper M D, Phillips R A. Exploratory analysis of the safety climate and safety behavior relationship[J]. Journal of safety research, 2004, 35 (5)：497-512.

[50] Zou P X W, Sun A C S, Long B, et al. Return on investment of safety risk management system in construction[C]//W099-Special Track 18th CIB World Building Congress May 2010 Salford, United Kingdom. 2010：199.

[51] Teo E A L, Feng Y. The indirect effect of safety investment on safety performance for building projects[J]. Architectural Science Review, 2011, 54 (1)：65-80.

[52] Feng Y. Effect of safety investments on safety performance of building projects[J]. Safety science, 2013, 59：28-45.

[53] 李晓飞. 最优安全投资与效益的探讨 [J]. 工业安全与防尘，1988，(7)：21-25，48.

[54] 李列平. 安全投资决策分析方法 [J]. 工业安全与防尘，1990，(11)：7，11-13，49.

[55] 邓小林，李鸿光，赵松基，魏伟彬. 建筑工地事故的经济损失与最有效的安全投资（香港经验）[J]. 中国安全科学学报，1995，5（1）：1-5.

[56] 邱少贤，梅强. 若干企业职业安全投资现状分析 [J]. 中国安全科学学报，1995，5(3)：50-55.

[57] 陈全君，何学秋. 论安全投资及其在组织安全活动中的作用 [J]. 经济师，2005，(3)：22-23.

[58] 彭红军,李新春.基于本质安全的煤矿安全投资要素体系构建及优先权值分析[J].中国矿业,2006,15(12):116-119.

[59] 张杨,王仪斌,陈宇.建筑施工安全投资与安全效益分析[J].现代职业安全,2017,(2):25-27.

[60] 陆玉梅,梅强.中小企业安全投资状况的调查与分析[J].中国安全科学学报,2006,16(3):40-44,146.

[61] 施式亮,刘莉君,曹休宁,等.基于灰色系统理论的安全投资方向优化分析[J].中国安全科学学报,2007,17(4):62-66.

[62] 刘芳,许程洁.基于灰色系统关联分析的施工企业安全投资研究[J].建筑管理现代化,2009,(3):209-212.

[63] 黄柯.施工企业安全投资与经济效益之间的关系分析[J].经贸实践,2016,(18):32.

[64] Sawacha E, Naoum S, Fong D. Factors affecting safety performance on construction sites[J]. International journal of project management, 1999, 17 (5): 309-315.

[65] Hinze J, Gambatese J. Factors that influence safety performance of specialty contractors[J]. Journal of construction engineering and management, 2003, 129 (2): 159-164.

[66] Siu O, Phillips D R, Leung T. Safety climate and safety performance among construction workers in Hong Kong: the role of psychological strains as mediators[J]. Accident Analysis & Prevention, 2004, 36 (3): 359-366.

[67] Tam C M, Zeng S X, Deng Z M. Identifying elements of poor construction safety management in China[J]. Safety Science, 2004, 42 (7): 569-586.

[68] Cheng K P, Ng S T, Skitmore R M. A framework for evaluating the safety performance of construction contractors[J]. Building and environment, 2005, 40 (10): 1347-1355.

[69] Molenaar K R, Park J I, Washington S. Framework for measuring corporate safety culture and its impact on construction safety performance[J]. Journal of Construction Engineering and Management, 2009, 135 (6): 488-496.

[70] El-Mashaleh M S, Rababeh S M, Hyari K H. Utilizing data envelopment analysis to benchmark safety performance of construction contractors[J]. International Journal of

Project Management, 2010, 28 (1): 61-67.

[71] Hasan A, Jha K N. Safety incentive and penalty provisions in Indian construction projects and their impact on safety performance[J]. International journal of injury control and safety promotion, 2013, 20 (1): 3-12.

[72] Grabowski M, Ayyalasomayajula P, Merrick J, et al. Accident precursors and safety nets: leading indicators of tanker operations safety[J]. Maritime Policy & Management, 2007, 34 (5): 405-425.

[73] Hinze J, Thurman S, Wehle A. Leading indicators of construction safety performance[J]. Safety science, 2013, 51 (1): 23-28.

[74] Hinze J, Hallowell M, Baud K. Construction-safety best practices and relationships to safety performance[J]. Journal of Construction Engineering and Management, 2013, 139 (10): 413-417.

[75] Wehbe F, Al Hattab M, Hamzeh F. Exploring associations between resilience and construction safety performance in safety networks[J]. Safety science, 2016, 82: 338-351.

[76] Patel D A, Jha K N. Developing a Process to Evaluate Construction Project Safety Hazard Index Using the Possibility Approach in India[J]. Journal of Construction Engineering and Management, 2016, (6): 41-54.

[77] 刘素霞, 梅强, 沈斌等. 安全绩效研究综述 [J]. 中国安全科学学报, 2010, 20 (5): 131-139.

[78] 韩治雪. 关于安全投资效益的定性定量分析 [J]. 职业卫生与病伤, 1989, (3): 33-35.

[79] 梅强. 安全投资方向决策的研究 [J]. 中国安全科学学报, 1999, 9 (5): 45-50.

[80] 屠文娟, 张超, 汤培荣. 基于生命经济价值理论的企业安全投资技术经济分析 [J]. 中国安全科学学报, 2003, 13 (10): 30-34, 85.

[81] 李祥, 汪莉, 贺耀荣, 等. 安全投资经济分析与效益评价 [J]. 中国安全科学学报, 2005, 15 (3): 2, 26-29.

[82] 国家标准化委员会, 国家认证认可管理委员会. 职业健康安全管理体系规范 GB/T 28001—2001. 2002. 1. 1

[83] 强茂山, 方东平, 肖红萍等. 建设工程项目的安全投入与绩效研究 [J]. 土木工程学报, 2004, 37 (11): 101-107.

[84] 章鑫, 黄贻平, 方东平. 业主对工程项目安全绩效影响的定量研究[J]. 土木工程学报, 2006, 39 (3): 123-128.

[85] 冯领香, 林新超, 顾亦凡等. 建筑施工安全绩效与安全投入关系的ABM模拟[J]. 中国安全科学学报, 2017, (11): 163-168.

[86] 刘祖德, 吴斐, 陈洋等. 员工个体特征对班组安全绩效的中介效应分析[J]. 中国安全科学学报, 2016, 26 (08): 145-150.

[87] 刘霁, 李云, 刘浪. 基于SEM的建筑施工企业KPI安全绩效评价[J]. 中国安全科学学报, 2011, 21 (6): 123-128.

[88] 刘素霞, 梅强. 中小企业安全生产环境及其安全绩效分析[J]. 企业经济, 2011, (10): 36-39.

[89] 李永娟, 蒋丽, 胥遥山等. 工作压力与社会支持对安全绩效的影响[J]. 心理科学进展, 2011, 19 (3): 318-327.

[90] 李乃文, 黄鹏. 变革型领导行为、安全态度、安全绩效的关系——基于煤炭企业的实证研究[J]. 软科学, 2012, 26 (1): 68-71.

[91] 董大旻, 冯凯梁. 基于EFQM的高危企业安全绩效评估模型研究[J]. 中国安全生产科学技术, 2012, 8 (3): 86-91.

[92] 何清华, 陈震, 李永奎. 建设项目的安全公民行为对安全绩效影响研究[J]. 工业工程与管理, 2016, 21 (01): 109-116.

[93] 廖中举. 企业安全绩效研究：内涵、测量及影响因素[J]. 中国安全科学学报, 2015, 25 (11): 139-144.

[94] 李书全, 刘世杰. 施工企业安全绩效与社会资本及动态能力的关系的实证研究[J]. 中国安全科学学报, 2017, 27 (1): 1-6.

[95] 王亦虹, 任晓晨, 黄路路等. 基于KPI理论的施工企业安全绩效评价研究[J]. 工程管理学报, 2016, 30 (5): 153-158.

[96] Greenwood M, Woods H M. The Incidence of Industrial Accidents Upon Individuals: With Special Reference to Multiple Accidents[M]. HM Stationery Office [Darling and son, Limited, printers], 1919.

[97] Newbold E M. A Contribution to the Study of the Human Factor in the Causation of Accidents[J]. Indust. Fatigue Res. Board. Report, 1926 (34).

[98] Farmer E, Chambers E G. A Study of Accident Proneness among Motor Drivers[J]. Health Research Board Rep, 1939 (84).

[99] Johnson W G. MORT: The Management Oversight and Risk Tree[J]. Journal of Safety Research, 1975, (7): 4-15.

[100] John Austion. An introduction to behavior-based safety [J]. Stone, Sand &Gravel Review, 2006, (2): 38-39.

[101] Hofmann, D. A., Stetzer, A., A cross-level investigation of factors influencing unsafe behaviors and accidents[J]. Personnal Psychology, 1996, 49: 307.

[102] Jones J W, Wuebker L J. Safety locus of control and employees' accidents[J]. Journal of Business and Psychology, 1993, 7 (4): 449-457.

[103] Donald I, Young S. Managing safety: an attitudinal-based approach to improving safety in organizations[J]. Leadership & Organization Development Journal, 1996, 17 (4): 13-20.

[104] Clarke S, Robertson I. A meta-analytic review of the Big Five personality factors and accident involvement in occupational and non-occupational settings[J]. Journal of Occupational and Organizational Psychology, 2005, 78 (3): 355-376.

[105] Mearns K, Flin R, Gordon R, et al. Measuring safety climate on offshore installations[J]. Work & Stress, 1998, 12 (3): 238-254.

[106] Al-Refaie A. Factors affect companies' safety performance in Jordan using structural equation modeling[J]. Safety Science, 2013, 57: 169-178.

[107] Goldenhar L. Construction safety climate and culture: Seeking congruence between research and practice[C]. 141st APHA Annual Meeting[A] (November 2-November 6, 2013) .APHA, 2013.

[108] Neal A, Griffin M A. A study of the lagged relationships among safety climate, safety motivation, safety behavior, and accidents at the individual and group levels[J]. Journal of Applied Psychology, 2006, 91 (4): 946.

[109] Han S U. Automated monitoring and systemic analysis of workers' safety behavior in construction operations[D]. University of Illinois at Urbana-Champaign, 2013.

[110] Clarke S. The effect of challenge and hindrance stressors on safety behavior and

safety outcomes: A meta-analysis[J]. Journal of occupational health psychology, 2012, 17 (4): 387.

[111] Fugas C S, Silva S A, Meliá J L. Another look at safety climate and safety behavior: Deepening the cognitive and social mediator mechanisms[J]. Accident Analysis & Prevention, 2012, 45: 468-477.

[112] Allahyari, T., Rangi, N. H., Khalkhali, H., &Khosravi, Y. . Occupational cognitive failures and safety performance in the workplace[J]. International journal of occupational safety and ergonomics: JOSE, 2013, 20 (1): 175-180.

[113] Mitropoulos P, Memarian B. Team processes and safety of workers: cognitive, affective, and behavioral processes of construction crews[J]. Journal of Construction Engineering and Management, 2012, 138 (10): 1181-1191.

[114] 隋鹏程, 孙世昌. 安全科学及其发展方向 [J]. 中国安全科学报, 1991, (2): 50-56.

[115] 陈宝智. 安全原理 [M]. 北京: 化学工业出版社, 2002.

[116] 田水承, 李红霞, 王莉. 3类危险源与煤矿事故防治 [J]. 煤炭学报, 2006, (6): 706-710.

[117] 周炜, 赵挺生, 徐树铭等. 基于 DEMATEL 和 ISM 的建筑工人安全行为影响因素建模 [J]. 土木工程与管理学报, 2017, 34 (6): 126-132.

[118] 栗继祖, 康立勋. 煤矿安全从业人员心理测试指标体系研究 [J]. 安全与环境学报, 2004, 06: 77-79.

[119] 张静, 李洁. 基于 SEM 的建筑业农民工安全行为影响因素研究 [J]. 安全与环境学报, 2016, 16 (3): 182-187.

[120] 郭术田, 王绵珍, 王治明. 企业工人执行职业健康安全管理体系的影响因素研究 [J]. 四川大学学报（医学版）, 2007, (1): 142-145

[121] 梁振东, 刘海滨. 个体特征因素对不安全行为影响的 SEM 研究 [J]. 中国安全科学学报, 2013, 23 (2): 27-33.

[122] 周刚, 程卫民, 诸葛福民等. 人因失误与人不安全行为相关原理的分析与探讨 [J]. 中国安全科学学报, 2008, 18 (3): 10-14, 176.

[123] 吴建金, 耿修林, 傅贵. 基于中介效应法的安全氛围对员工安全行为的影响研究 [J]. 中国安全生产科学技术, 2013, 9 (3): 80-86.

[124] 张孟春，方东平. 建筑工人不安全行为产生的认知原因和管理措施 [J]. 土木工程学报，2012，S2：297-305.

[125] 何刚，余保华，朱艳娜等. 基于网络结构模型的矿工不安全行为影响因素研究 [J]. 煤矿安全，2017，48（3）：227-229，233.

[126] 毕默. 建筑企业安全氛围与安全领导力、安全行为的关系研究 [D]. 重庆：重庆大学硕士毕业论文，2012.

[127] Yoon H，Lee H，Moon I. Quantitative business decision-making for the investment of preventing safety accidents in chemical plants[J]. Computers & Chemical Engineering，2000，24（2）：1037-1041.

[128] Manuele F A. Task analysis for productivity，cost efficiency，safety &quality[J]. Professional Safety，2000，45（4）：18.

[129] Farrow S，Hayakawa H. Investing in safety：An analytical precautionary principle[J]. Journal of Safety Research，2002，33（2）：165-174.

[130] Hallowell M R. Risk-based framework for safety investment in construction organizations[J]. Journal of Construction Engineering and Management，2010，137(8)：592-599.

[131] Lu M，Cheung C M，Li H，et al. Understanding the relationship between safety investment and safety performance of construction projects through agent-based modeling[J]. Accident Analysis & Prevention，2016，94：8-17.

[132] 李列平. 安全投资决策分析方法 [J]. 工业安全与防尘，1990，（11）：7，11-13，49.

[133] 侯立峰，何学秋. 安全投资决策优化模型 [J]. 中国安全科学学报，2004，14（10）：2，32-35.

[134] 张可. 基于层次分析及目标规划的安全投资决策模型 [J]. 现代工业经济和信息化，2017，7（8）：29-31.

[135] 王书明，何学秋. 实物期权理论在安全投资决策中的应用 [J]. 统计与决策，2005，(24)：146-148.

[136] 韩光胜，陈国华，万木生等. 基于CES生产函数的企业安全投资决策方法研究 [J]. 中国安全科学学报，2007，17（11）：60-65，176.

[137] 颜会芳，田水承，李红霞等. 基于实物期权博弈的安全投资决策研究综述 [J]. 中

国安全科学学报, 2008, 18 (4): 70-75.

[138] 罗景峰. 安全投资决策的0-1背包问题模型 [J]. 西部经济管理论坛, 2016, 27 (1): 75-78.

[139] 周远, 吴秀宇. 建筑施工企业安全投资决策的RS-SVM模型研究 [J]. 中国安全科学学报, 2015, 25 (5): 98-102.

[140] 赵延东, 罗家德. 如何测量社会资本: 一个经验研究综述 [J]. 国外社会科学, 2005, (2): 18-24.

[141] Reagans R, McEvily B. Network structure and knowledge transfer: The effects of cohesion and range[J]. Administrative science quarterly, 2003, 48 (2): 240-267.

[142] 陈晓萍, 徐淑英, 樊景立. 组织与管理研究方法 [M]. 北京: 北京大学出版社, 2008.

[143] Wu T C, Chen C H, Li C C. A correlation among safety leadership, safety climate and safety performance[J]. Journal of Loss Prevention in the Process Industries, 2008, 21 (3): 307-318.

[144] Cacciabue P C. Human error risk management for engineering systems: a methodology for design, safety assessment, accident investigation and training[J]. Reliability Engineering & System Safety, 2004, 83 (2): 229-240.

[145] Aksorn T, Hadikusumo B H W. Critical success factors influencing safety program performance in Thai construction projects[J]. Safety Science, 2008, 46 (4): 709-727.

[146] Nguyen D V, Rocke D M. Tumor classification by partial least squares using microarray gene expression data[J]. Bioinformatics, 2002, 18 (1): 39-50.

[147] 王惠文, 仪彬, 叶明. 基于主基底分析的变量筛选 [J]. 北京航空航天大学学报, 2008, (11): 1288-1291.

[148] 陈全润, 杨翠红. "类逐步回归"变量筛选法及其在农村居民收入预测中的应用 [J]. 系统工程理论与实践, 2008, (11): 16-22+28.

[149] 祝诗平, 王一鸣, 张小超等. 基于遗传算法的近红外光谱谱区选择方法 [J]. 农业机械学报, 2004, (5): 152-156.

[150] 雷英杰, 张善文, 李续武等. 遗传算法工具箱及应用 [M]. 西安: 西安电子科技大学出版社, 2005.

[151] 史峰，王小川，郁磊等．MATLAB 神经网络 30 个案例分析 [M]．北京：北京航空航天大学出版社，2010．

[152] Loury G C. A dynamic theory of racial income differences in women, minorities, and employment discrimination[M]. Lexington Books, 1977: 153-186.

[153] 冯立波．企业内部社会资本与跨部门知识搜寻研究 [D]．大连：东北财经大学硕士毕业论文，2010．

[154] 陈建勋，朱蓉，吴隆增．内部社会资本对技术创新的影响——知识创造的中介作用 [J]．科学学与科学技术管理，2008，(5)：90-93．

[155] 张方华．企业的社会资本与技术创新——技术创新理论研究的新视野 [J]．自然辩证法通讯，2003，(6)：55-61．

[156] Gabby S M. Social capital in the creation of financial capital: The case of network marketing[M]. Stipes Publishers, 1997.

[157] 边燕杰，丘海雄．企业的社会资本及其功效 [J]．中国社会科学，2000，(2)：87-99+207．

[158] 张鹏．企业社会资本、组织学习和技术创新绩效研究 [D]．济南：山东大学博士学位论文，2009．

[159] March J, Simon H. Organizational learning[M]. New York: Wiley, 1958: 54-79.

[160] Levitt, B., March. J. Organizational Leaning[J]. Annual Review of Sociology, 1998, 14: 157-163.

[161] 朱伟民，万迪．基于组织学习的企业知识管理 [J]．西安交通大学学报:社会科学版，2001，21 (4)：18-20．

[162] Nevis E C, DiBella A., Gould M. Understanding organizations as learning systems[J]. Sloan management review, 1997, 36 (2): 465-489.

[163] Huber, G. P., Organization learning: the contributing process and the literatures[J]. Organization Science, 1991, 2 (1): 88-115.

[164] 陈国权，郑红平．组织学习影响因素、学习能力与绩效关系的实证研究 [J]．管理科学学报，2005，8 (1)：48-61．

[165] 朱兵，王文平，王为东等．企业文化、组织学习对创新绩效的影响 [J]．软科学，2010 (1)：65-69．

[166] 魏文斌, 佘彩云. 组织学习、动态能力与集群式民营企业竞争优势的关系研究 [J]. 科技管理研究, 2010, (22): 146-150.

[167] 郭爱芳, 陈劲. 基于科学/经验的学习对企业创新绩效的影响: 环境动态性的调节作用 [J]. 科研管理, 2013, 34 (06): 1-8.

[168] Luo X, Griffith D A, Liu S S, et al. The effects of customer relationships and social capital on firm performance: A Chinese business illustration[J]. Journal of International Marketing, 2004, 12 (4): 25-45.

[169] 朱至文. 组织社会资本、组织战略与绩效 [J]. 现代管理科学, 2009, (9): 29-31.

[170] 李书全, 吴秀宇, 袁小妹等. 基于 GA-SVM 的施工人员安全行为影响因素及决策模型研究 [J]. 中国安全生产科学技术, 2014, 10 (12): 185-191.

[171] Tsai W, Ghoshal S. Social capital and value creation·The role of intrafirmnetworks[J]. Academy of management Journal, 1998, 41 (4): 464-476.

[172] 李书全, 宋孟孟, 周远. 施工企业内社会资本、情绪智力与安全绩效关系研究 [J]. 中国安全生产科学技术, 2014, 10 (9): 67-71.

[173] 谢慧娟, 王国顺. 社会资本、组织学习对物流服务企业动态能力的影响研究 [J]. 管理评论, 2012, 24 (10): 133-142.

[174] Atuahene-Gima K. The effects of exploratory and exploitative market learning on new product performance in new technology ventures: A resource-based perspective [M]. City University of Hong Kong, 2003.

[175] 邹国庆, 许诺. 组织学习·知识创新·企业绩效 [J]. 求索, 2013, (8): 216-219.

[176] 王铁男, 陈涛, 贾榕霞. 组织学习、战略柔性对企业绩效影响的实证研究 [J]. 管理科学学报, 2010, 13 (7): 42-59.

[177] 林筠, 刘伟, 李随成. 企业社会资本对技术创新能力影响的实证研究 [J]. 科研管理, 2011, 32 (1): 35-44.

[178] 刘红丽, 谢韵, 周佳华. 在孵企业社会资本、知识获取与创业绩效的关系研究 [J]. 科技管理研究, 2014, 34 (3): 218-223.

[179] 韩子天, 谢洪明, 王成. 结构和关系维度的内部社会资本对绩效影响的实证研究 [J]. 科学学与科学技术管理, 2008, 29 (8): 151-155.

[180] Zahra, S. A. & George, G. The net-enabled business innovation cycle and the

evolution of dynamic capabilities[J]. Information Systems Research, 2002, 13 (2): 147-150.

[181] 薛卫，雷家辅，易难. 关系资本、组织学习与研发联盟绩效关系的实证研究 [J]. 中国工业经济, 2010, 4 (4): 89-97.

[182] 杜亚丽. 社会资本对工程咨询项目绩效的影响 [D]. 大连：东北财经大学博士学位论文, 2012.

[183] 谢洪明，王成，吴业春. 内部社会资本对知识能量与组织创新的影响 [J]. 管理学报, 2007, 4 (1): 100-107.

[184] 尹苗苗，蔡莉. 创业网络强度、组织学习对动态能力的影响研究 [J]. 经济管理, 2010, 32 (4): 180-186.

[185] 倪渊，林健. 知识型团队内部知识转移与团队绩效的关系 [J]. 工业工程, 2011, 14 (3): 74-79.

[186] 柯江林，孙健敏，石金涛等. 企业R&D团队之社会资本与团队效能关系的实证研究：以知识分享与知识整合为中介变量 [J]. 管理世界, 2007, (3): 89-102.

[187] 吴瑞林. 基于结构方程模型的测验分析方法 [M]. 北京：北京大学出版社, 2013.

[188] 张统，孙道亮，蒋云等. 2003～2012年我国建筑业事故统计分析研究 [J]. 建筑安全, 2013, (8): 18-21.

[189] 李广龙，周科平，侯造水. 基于DEA和Malmquist指数的煤矿安全投入效率评价[J]. 中国安全生产科学技术, 2014, 10 (11): 162-167.

[190] 罗景峰，许开立. 安全投资决策的可变模糊优选方法 [J]. 中国安全生产科学技术, 2010, 6 (5): 87-91.

[191] Jaselskis, E. J., Anderson, S. D., Russell, J. S. Strategies for Achieving Excellence in Construction Safety Performance[J]. Journal of Construction Engineering &Management, 1996, 122 (1): 61-70.

[192] Elias Ikpe, Felix Hammon, Cost-benefit analysis for accident prevention in construction projects [J]. American Society of Civil Engineers, 2012, 138 (8): 991-998.

[193] 李书全，吴秀宇，袁小妹，等. 施工企业安全系统脆弱性的BP-SD仿真研究 [J]. 中国安全科学学报, 2014, 24 (9): 26-32.

[194] Mitropoulos P, Cupido G, Namboodiri M. Cognitive approach to construction

safety: taskdemand-capability model[J]. Journal of Construction Engineering & Management, 2009, 135 (9): 881-889.

[195] Chang S, Chen D, Wu T. Developing a competency model for safety professionals: Correlations between competency and safety functions[J]. Journal of Safety Research, 2012, 43 (5/6): 339-350.

[196] Hardison D, Behm M, Hallowell M, Fonooni H. Identifying construction supervisor competencies for effective site safety[J]. Safety Science, 2014, 65 (6): 45-53.

[197] 李书全, 吴秀宇, 胡少培, 等. 施工企业安全投资, 员工安全能力与安全绩效实证研究 [J]. 中国安全生产科学技术, 2015, 11 (3): 141-147.

[198] Choudhry R. Behavior-based safety on construction sites: A case study[J]. Accident AnalysisAnd Prevention, 2014, 70: 14-23.

[199] 吴明隆. 结构方程模型——AMOS 的操作与应用 [M]. 重庆: 重庆大学出版社, 2009.

[200] 吴顺祥. 灰色粗糙集模型及其应用 [M]. 北京: 科学出版社, 2009.

[201] 张文修. 粗糙集理论与方法 [M]. 北京: 科学出版社, 2001.

[202] 曾黄麟. 粗糙集理论及其应用——关于数据推理的新方法 [M]. 重庆: 重庆大学出版社, 1996.

[203] 周远. 资本市场产品创新与风险管理研究 [D]. 天津: 天津财经大学博士学位论文, 2013.

[204] Barros V, Stocker T F, Qin D, et al. A Special Report of Working Groups I and II of the Intergovernmental Panel on Climate Change (IPCC) [R]. UK: Cambridge University Press, 2012: 555-564.

[205] Wolf S, Hinkel J, Hallier M, et al. Clarifying vulnerability definitions and assessments using formalisation[J]. International Journal of Climate Change Strategies and Management, 2013, 5 (1): 54-70.

[206] 李鹤, 张平宇, 程叶青. 脆弱性的概念及其评价方法 [J]. 地理科学进展, 2008, 27 (2): 18-25.

[207] 苏飞, 陈媛, 张平宇. 基于集对分析的旅游城市经济系统脆弱性评价——以舟山市为例 [J]. 地理科学, 2013, (5): 538-544.

[208] 刘铁民. 火灾频发暴露我国城市公共安全系统脆弱性 [J]. 中国安全生产科学技术，2011. 03：5-9.

[209] 韩豫，成虎. 基于脆弱性的地铁运营安全事故致因分析 [J]. 中国安全科学学报，2013，(8)：164-170.

[210] 骆方，刘红云，黄崑. SPSS 数据统计与分析 [M]. 北京：清华大学出版社，2011.

[211] 王其藩. 系统动力学 [M]. 北京：清华大学出版社，1988.

[212] Meng L. Exchange rate forecasting based on neural network with revised weight[A]. Artificial Intelligence，Management Science and Electronic Commerce（AIMSEC），2nd International Conference on. IEEE[C]，2011：6644-6647.